HOW TO GROW BLUEBERRY

ブルーベリー栽培の手引き

～特性・管理・作業～

Fukuda Toshi
福田 俊

創森社

成熟期の
ブルーベリー果実

良食味・多収のブルーベリー栽培へ
～序に代えて～

アメリカ合衆国でブルーベリーが野生種から改良されて1世紀が過ぎ、日本に導入されてからも70年以上が経ちました。農林水産省の統計では、日本全国のブルーベリー生産面積は2010年代には1000haを超えるまでになりました。

筆者は東京農工大学在学時代、「日本のブルーベリーの父」といわれる岩垣駛夫《はやお》先生の下で行われた日本でのブルーベリー生産開発に、研究スタッフの一員として携わることができました。また、1994年に設立された日本ブルーベリー協会に参加していたときは、産地シンポジウムなどで日本各地のブルーベリー産地をめぐり、そこで見聞きした経験も大きな刺激になりました。

その後、偶然見つけた「ウッダード」（ラビットアイ種）の偶発実生《みしょう》（種子による繁殖）のなかから生まれた「フクベリー」が2008年に農林水産省品種登録となり、全国のラビットアイブルーベリー産地に普及していることも喜ばしく思います。また、種苗会社を定年退職した頃より、土壌条件が異なる3種類のブルーベリー園の造成を経験し、栽培を開始しました。その過程で多くの知見がありました。

かつて、玉田孝人氏とともに『ブルーベリーの観察と育て方』（創森社）など多くの書籍を著してきましたが、その後の経験で知り得た情報なども織り込みながら執筆した本書が、ブルーベリーの経済栽培・家庭栽培を万全なものにするとともに良食味・多収のための一助となればうれしく思います。

福田 俊

良食味・多収のブルーベリー栽培へ～序に代えて～　1

第1章　ブルーベリーの魅力と生態・品種　7

果樹としてのブルーベリーの特徴　8
植物学的分類　8　果樹としての特性　8
野生種と栽培種　9

ブルーベリー樹と枝、葉、根の生態　11
樹の骨格と樹形・樹姿　11
新梢の種類と旧枝の区分　12
葉の形状と展開　15　根の分布と伸長　16

ブルーベリーの芽と花の構造・形状　18
葉芽と花芽　18　花の構造・形状　18

ブルーベリーの果実の構造・形状　21
果実の構造　21　果実の形状　21
果実の成長過程　22　種子の状態　23

ブルーベリーの分布・種類と品種　24
分布地域と種・系統　24　系統ごとの品種特性　24

第2章　苗木の植えつけと仕立て・剪定　33

開園準備と植栽密度の検討　34
園地の造成　34
土壌改良のポイント　34
植栽密度の検討　35

苗木の種類と求め方　36
苗木の種類　36　適切な苗木の求め方　36
仮植え（仮伏せ）　37
同じ系統の混植が必須　37

苗木の植えつけのポイント　38
植えつけの適期と準備　38
植えつけ方の基本　39

花芽

開花（管状形）

樹の構成と剪定の目的・種類 42
樹の構成と枝の種類 42　剪定の目的・種類 43
剪定枝と樹齢による剪定 46
系統別・生育段階ごとの剪定 48
ノーザンハイブッシュの剪定 48
サザンハイブッシュの剪定 50
ラビットアイの剪定 51
老木の若返り（更新剪定） 54
徒長枝対策とアーチ仕立て 56
強過ぎる徒長枝対策 56　アーチ仕立てのコツ 57

第3章 ブルーベリーの生育と栽培管理 59

一年間の生育サイクルと作業暦 60
発芽・開花・結実期 60

開花（釣り鐘形）

紅色の開花

果実肥大・成熟期 61
養分蓄積・休眠期 65
ブルーベリー樹の一生と成長段階 66
樹齢と成長段階 66　幼木・若木期の特徴 66
成木・老木期の特徴 66
萌芽、開花・受粉と摘花作業（2〜4月） 68
花芽の萌芽 68　開花時期と順序 68
受粉・受精 69　摘蕾・摘花作業のコツ 71
果実の結実・肥大と成熟（4〜8月） 72
果実の肥大 72　果実の成熟 72
果実の収穫と選果・出荷（6〜9月） 76
収穫の適期 76　収穫の留意点 76
選果・出荷にあたって 78
収穫果の品質保持と貯蔵 80
鮮度と品質保持 80
貯蔵の方法 80
施設栽培の目的、作型と管理・作業 81
施設化のねらい 81　施設による作型 81
普通加温栽培の例 83
ハウス・器機の設定 84

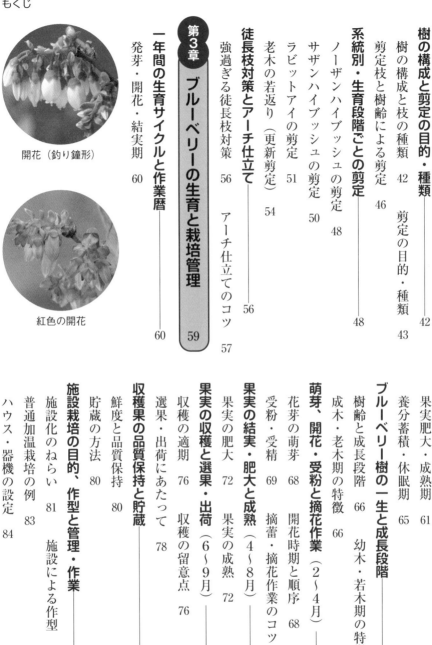

第4章 土壌管理と施肥、灌水のポイント 85
土壌管理と中耕、雑草の防除 86
土壌表面の管理 86　中耕のポイント 86
雑草の防除 87
草生法による地面管理のコツ 88
草生法への転換 88
園地の生物相と草刈り 89
地面の状態と効果 90
施肥の時期、方法と栄養診断 91
化成肥料と有機質肥料 91
ボカシ肥料の用意 93　ボカシ肥料の施肥 95
栄養診断（葉と土壌の分析） 95
水分管理と灌水のポイント 97
水分の働き 97　灌水適期と灌水量 97
灌水の方法 98

第5章 ブルーベリー樹の繁殖と苗木養成 101
繁殖の考え方と苗木養成、生産 102
苗木の繁殖方法 102

果実が膨らむ

ラビットアイの幼果

登録品種と種苗法 102
挿し木繁殖法による苗木生産 103
緑枝挿し法 103　休眠枝挿し法 105
接ぎ木繁殖と居接ぎのポイント 109
接ぎ木繁殖法 109　接ぎ木挿しの例 109
居接ぎの例 111

第6章 病虫害・鳥獣害・気象災害と対策 113
主な病害の症状と防除法 114
病気の発生 114　花・枝・葉の症状 114
果実の症状 116　根の症状 116
主な虫害の種類と防除法 117
主な害虫の種類 117　葉の被害と対策 117
枝の被害と対策 118　果実の被害と対策 120

防除にあたって　120

鳥獣による被害と対策　121

鳥害の特徴と対策　121

獣害の傾向と対策　122

強風害などの気象災害と対策　123

強風害と防風対策　123

霜害・雪害・雹害　123

干害と灌水管理　124

第7章　果実の栄養成分・機能と主な利用　125

ブルーベリーの栄養成分・機能　126

果実の栄養成分と機能　126

果実の色素と糖・酸　129

抗酸化作用による生体調節機能　131

強い抗酸化作用　131

主な生体調節機能　132

生食のすばらしい健康効果　132

果実の利用・加工のポイント　133

果物としての特徴　133

丸ごと食べる生果　133

加工にあたって　134

ブルーベリージャムのつくり方　136

材料と用具　136

つくり方の手順　136

付属資料❶

栽培ブルーベリーの誕生と日本への導入、生産振興　137

栽培ブルーベリーの誕生　137

日本のブルーベリー栽培　139

付属資料❷

日本のブルーベリー栽培と生果実の流通実態　140

農林水産省の統計　140

財務省の統計　140

東京都中央卸売市場の統計　143

◆主な参考・引用文献　144

◆苗木入手・問い合わせ先　145

成熟期の果実

収穫果

本書の見方・読み方

◆栽培管理・作業は関東南部、関西平野部を基準にしています。生育は品種、地域、気候、栽培管理法などによって違ってきます。

◆果樹園芸の専門用語、英字略などは、用語初出下の(　)内などで解説しています。年号は西暦を基本としていますが、必要に応じて和暦を併用しています。

◆栽培ブルーベリーの区分で便宜的に使用している系統（タイプ、グループ）名は例外を除き、フルネームを略しています（例＝ノーザンハイブッシュブルーベリー→ノーザンハイブッシュ、NHb)。

◆本書では『ブルーベリーの観察と育て方』、『育てて楽しむブルーベリー 12か月』、『図解よくわかるブルーベリー栽培』（いずれも玉田孝人・福田俊著、創森社)、さらに『ブルーベリー栽培事典』、『鉢で育てるブルーベリー』（ともに玉田孝人著、創森社）の中から必要に応じて部分的に抜出、援用しています。

紅葉の初期

落葉期のブルーベリー園

葉が真っ赤になる

ブルーベリー園通路（初夏）

第1章

ブルーベリーの魅力と生態・品種

成熟期のラビットアイ

果樹としてのブルーベリーの特徴

植物学的分類

ブルーベリーは、ツツジ科スノキ属シアノコカス節に分類されるアメリカ原産の落葉性（常緑性のものもある）の低木性果樹です。スノキ属植物は、クランベリー（アメリカ北東部）など世界にはおよそ２００～３００種類あるといわれています。

日本の山野や高山に自生しているナツハゼ、シャシャンボ、クロマメノキ、コケモモなどはスノキ属でブルーベリーの仲間です。

旺盛な樹勢のラビットアイ

ナツハゼ

クロマメノキ

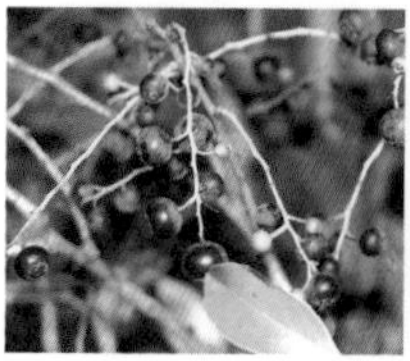
シャシャンボ

コケモモ

果樹としての特性

ブルーベリーは、低木・多幹で小型のブッシュ（株）状です。樹高は１～３ｍです。とはいえ、ラビットアイ種は、無剪定では樹高が４ｍ近くまで伸びます。多数の主軸枝で樹が構成されています。

根はひげ根（繊維根。細くて軟らかい根）で浅根性（根の伸びる深さが浅い）です。根が張る深さはせいぜい20～30㎝で放射状に横に広く伸びます。酸性土壌を好みます。

水分を欲しがる反面、冠水すると根が酸欠状態になり、とくにノーザンハイブッシュは枯死することがあります。保水性を持ちつつ排水の良い土壌環境が必要です。

樹は成木でも低樹高、多幹性

図1－1　ブルーベリーの区分――栽培の有無と種類

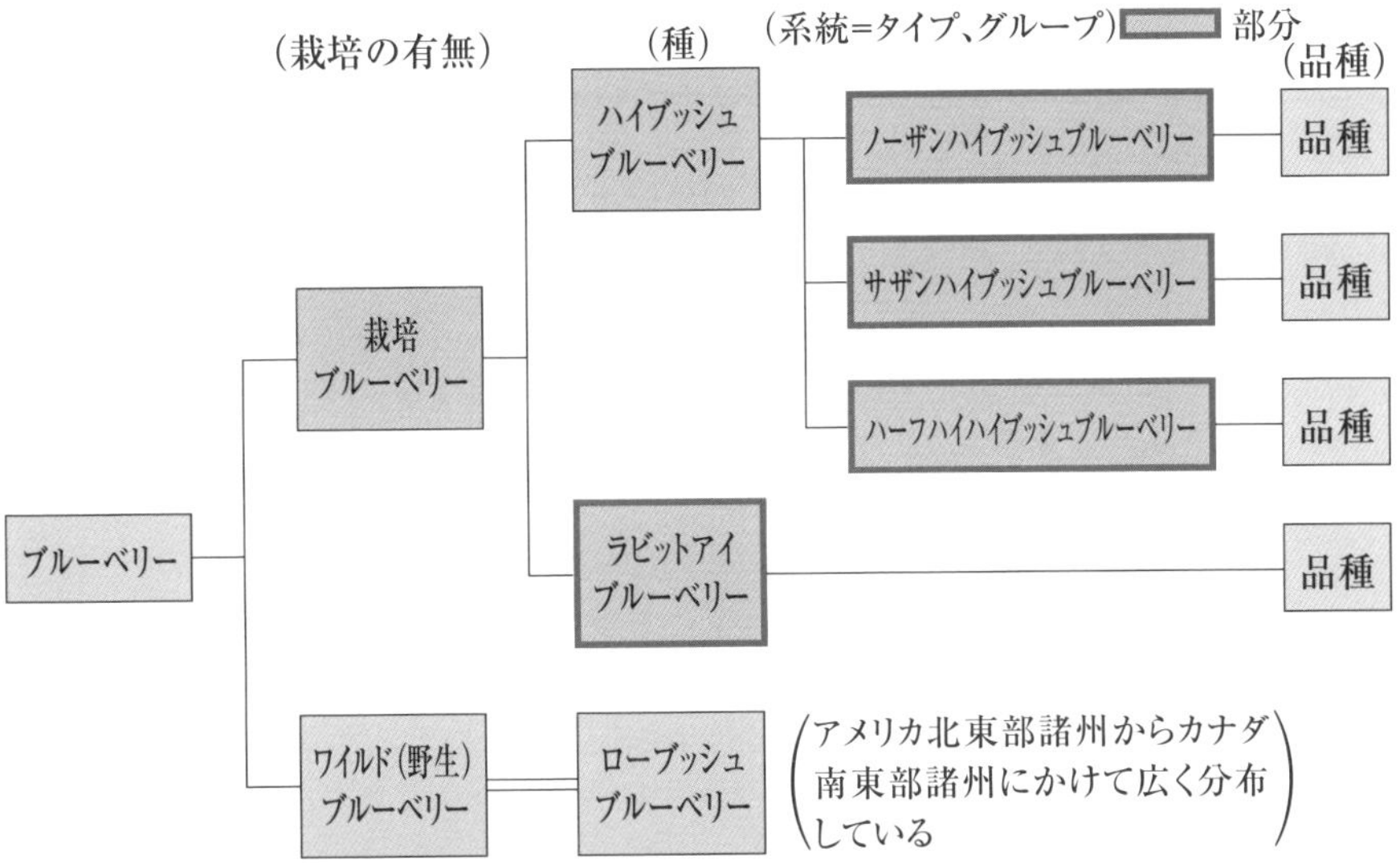

注：①栽培ブルーベリーの区分は、便宜的に系統（タイプ、グループ）としている
②『ブルーベリー全書』日本ブルーベリー協会編（創森社）

スノキ属のクランベリー（アメリカ原産）

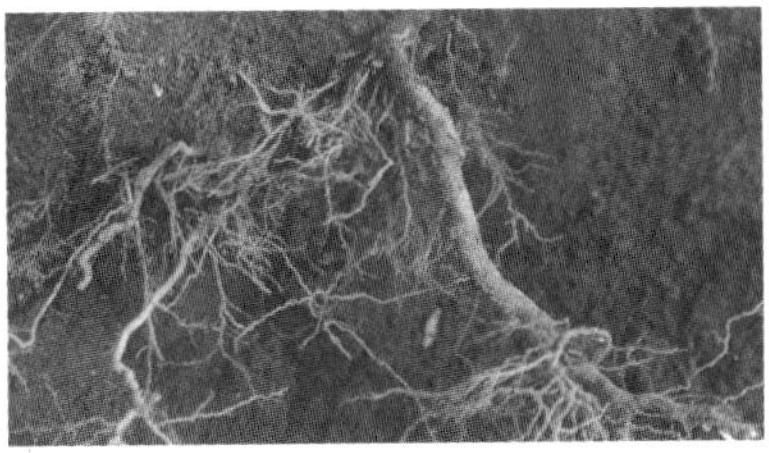
根は浅根性でひげ根

野生種と栽培種

野生種のローブッシュ

ブルーベリーの種類は、大きく分けて栽培種と野生種に分けられます（図1―1）。

野生種はローブッシュブルーベリーでアメリカ合衆国北東部、カナダ南東部に広く分布し、北欧に自生しているのはビルベリーと呼ばれています。これらのローブッシュは野生種ですが、果実は収穫されて産業化されています。栽培種にはハイブッシュとラビットアイの二つの種があります。

野生種のローブッシュブルーベリー

ハイブッシュ種の系統

ハイブッシュ種はもともとあったのがノーザン（北部）ハイブッシュで、休眠は深く、耐寒性が強く、冷涼地または高冷地でないと正常には育ちません。その後改良され、サザン（南部）ハイブッシュとハーフハイ（半樹高）ハイブッシュができ、ハイブッシュは三つの系統（タイプ、グループ）に分かれています。

ノーザンハイブッシュ（レガシー）

サザンハイブッシュ（サミット）

ラビットアイ（アリスブルー）

ノーザンハイブッシュ

ノーザンハイブッシュの系統は低温要求量が多く、およそ800～1200時間を要する品種群です。そのため、耐寒性があり、最低気温がマイナス20℃以下にならないところが適地です。最も多くの品種があります。

サザンハイブッシュ

サザンハイブッシュは近年品種改良が盛んに行われている系統で、休眠が浅く、ノーザンハイブッシュがつくりにくい温暖な地域でも栽培を可能にしたものです。反面、耐寒性はないので最低気温がマイナス10℃以下の地域には適しません。

ハーフハイハイブッシュ

ハーフハイハイブッシュは、小型で樹高（半樹高が多い）を低くして雪下栽培を可能にしたもので、耐寒性が求められる地域に適しています。

ラビットアイ種の系統

ラビットアイは樹高も高く、放任では4ｍ近くまでなります。徒長枝や地下茎から出る吸枝（サッカー）が多いのが特徴です。

土壌適応性も広く、pH《ペーハー》（土壌酸性度で「ピーエッチ」ともいう。土の酸性、アルカリ性を示す度合い。中性の数値が7でこれより小さいと酸性、大きいとアルカリ性）5ぐらいの弱酸性でもよく生育しますが、秋田、宮城が北限で、それより北では栽培は不適です。

なお、ラビットアイの名は、成熟の過程で果実がウサギの目のように赤くなることに由来しています。

ブルーベリー樹と枝、葉、根の生態

樹の骨格と樹形・樹姿

ブルーベリーの樹は、低木性でブッシュ状です。そのため、樹形、樹姿は、カキやクリなどのように1本の主幹から地上部の骨格を形成する高木性果樹とは大きく異なります。

樹の骨格はブッシュ状

樹の骨格

樹の骨格はクラウン（根冠）、主軸枝、旧枝、新梢、強い発育枝、徒長枝に区分されます。数本の主軸枝で構成されたブッシュ状になります。

樹形

樹形は、成木の樹冠（樹高と樹の幅）の相対的な大きさで比べられ、大型、中型、小型の三つに分けられます。

一般的に、樹形が大型の品種はラビットアイに多く、中型はノーザンハイブッシュおよびサザンハイブッシュ、小型はハーフハイハイブッシュの品種に多く見られます。

樹形の大小は、苗木の植えつけ距離と密接に関係しています。

樹姿

成木の樹姿（樹全体を側面から見た形状）は、大きくは三つに区分されます。

樹姿が縦に立つ直立性、横に広がる開張性、および直立性と開張性の中間の半直立性です（**図1—2**）。

図1－2　ブルーベリーの樹姿

（樹全体を側面から見た形状観察）

（原図、志村編著による。1993）

新梢の種類と旧枝の区分

新梢の種類

その年に伸びる枝を新梢といいます（**図1—3**）。新梢には、大きく分けると5種類あります。

春枝、春枝が伸びていったん止まり、その先端から2次伸長するのが夏枝、夏枝が止まりさらに3次伸長するのが秋枝、それと春から旺盛に伸び続ける強い発育枝と徒長枝です。

なお、枝の種類、区分、性質は第2章「樹の構成と剪定の目的・種類」の項でも述べています。

図1－3　新梢の種類

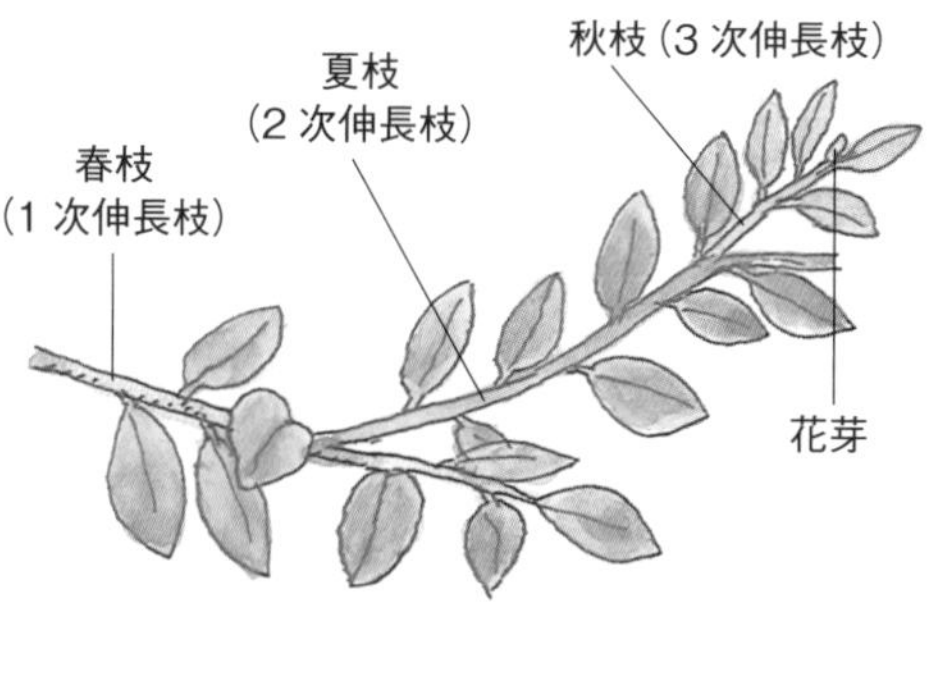

春枝から夏枝、夏枝から秋枝が発生する

春枝

春枝は、春に芽吹いて6月下旬～7月上旬頃に伸長が止まる枝です。果実生産の基本となるもので、その年に花芽を着け、翌年には結実する母枝です。春枝の着葉数は樹勢にも影響されますが、20枚から多いものでは30枚にもなります。

伸びはじめた新梢

夏枝

春枝の伸びが止まると、枝の先端が黒くブラックチップといわれる状態になります。その1～2週間後くらいの間に、春枝の先端から伸びてくるのが夏枝です。品種によって出ないものもあります。春枝に比べると、夏枝が伸びる割合はわずかです。夏枝にも翌年の花芽が着きます。

秋枝

晩夏から初秋にかけて、夏枝や春枝の先から伸びる枝が秋枝です。夏枝よりも少ない割合です、秋枝にも花芽が着きます。

強い発育枝

発育枝は主にクラウンから出る枝で、春から秋まで続けて伸びる枝のことをいいます。長いものは1・5mから２ｍにもなります。

強い発育枝は将来の主軸枝候補です。樹勢、樹形、経済樹齢、果実収量、品質などを大きく左右します。主軸枝は古くなると勢力が劣り始めるため、春枝の伸びが弱まり、果実収量、品質も下がってきます。

その現象を少なくするためには、５〜６年生の古い主軸枝を切って次の候補の新しい枝に更新させる必要があります。強い発育枝は、ハイブッシュよりもラビットアイに多く出ます。

ブラックチップの脇から伸びはじめた夏枝の芽

徒長枝

主軸枝、および旧枝の休眠芽から春から秋まで伸びる長さが80㎝を超える枝のことを徒長枝といいます。長いものは２ｍにもなります。

徒長枝は幼木期には将来の主軸枝候補となり有用ですが、成木になると樹冠内部で込み合い、樹形、樹姿を大きく乱します。そのため、摘心したり、間引いたりして樹形を整える必要があります。徒長枝と強い発育枝はラビットアイの品種で多く見られます。

夏枝が伸びる

新梢の伸びに影響する要因

新梢の伸長量と伸長終了時期は、同一品種でも温度や日照、降雨量、施肥量、樹上の位置などによって大きく左右されます。

例えば、関東南部で3月上旬・中旬から比較的高い気温が続いた場合には、春枝の伸びが早まります。また、晩夏から初秋にかけて降水が多かった年には、夏枝や秋枝の発生が多くなり、伸長停止時期も遅くなります。

さらにその時期に窒素肥料を多く施

秋季。花芽ができ、枝葉の伸びは停止

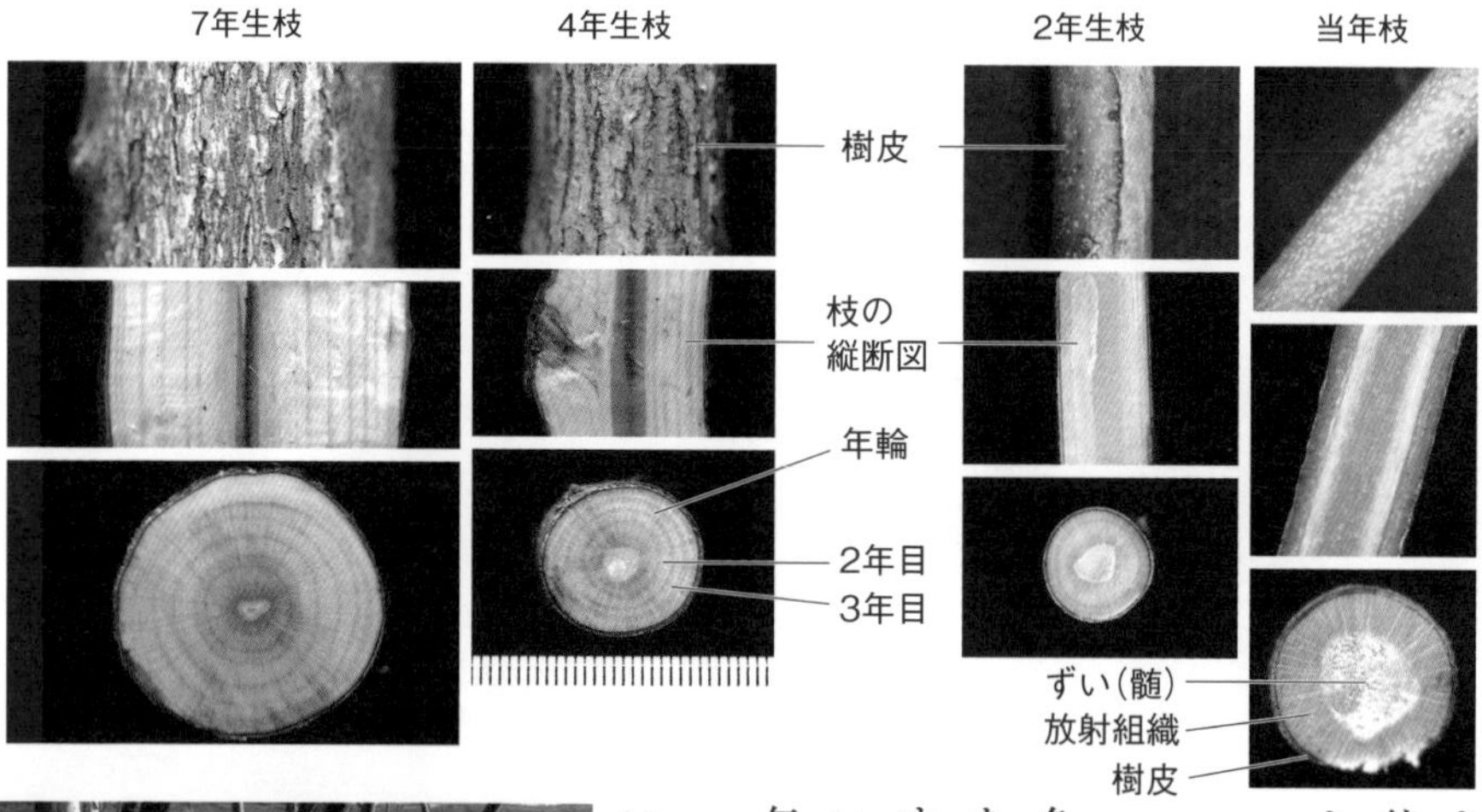

した場合、夏枝、秋枝、強い発育枝、徒長枝の伸長停止期が遅くなることもよく知られています。

枝齢区分

枝は枝齢によっても区分されます。冬の休眠期を経過して2年目となる枝を前年枝、または2年生枝といいます。3年目以上になった枝を旧枝といい、通常、年数をつけて3年生枝、4年生枝などとも呼びます。

5年生以上の旧枝からは、細くて短い新梢の発生が多くなります。そのような老化枝は収量も期待できないので、剪定時に除去する対象になります。

ラビットアイ「ティフブルー」の吸枝

頂芽優勢

枝の先の頂芽はよく発達し、腋芽《えきが》の発育は抑えられています。この現象を頂芽優勢といいます。ブルーベリーでは枝先に花芽が着きます。

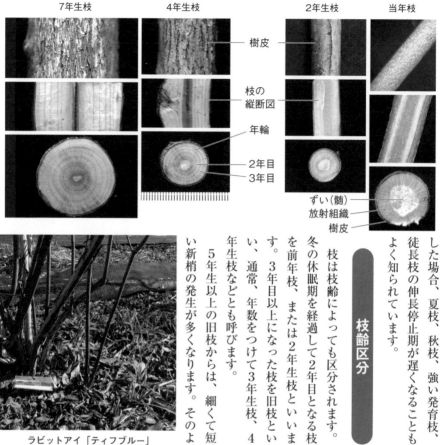

吸枝の発生

吸枝（サッカー）は形態的には茎の一部で、クラウンから発生して地下数cmのところを横に伸びる地下茎。長いものでは1m以上にも達します。その先が地上に出ると地上茎になります。

吸枝の発生はラビットアイでとくに多く、ハイブッシュではあまり見られません。地上茎は放置しておくと、やがて独立した株になります。元の株元が広がってしまうので管理もしにくくなります。剪定時には地下茎ごと取り除くのが一般的です。

葉の形状と展開

葉は枝（茎）に側生した器官です。ブルーベリーの葉は葉緑体を有する普通葉で、発達した同化組織により光合成活動を営み、活発な物質転換と蒸散（体内の水が水蒸気として体外に排出される）などを行っています。

ブルーベリーの葉は、1節に1葉着きます。葉脈は主脈、側脈、細脈に分けられます。葉柄の基部には離層が形成されます。多くは落葉性です。

ラビットアイの紅葉変化

葉陰は赤く色づかない

葉の形

ブルーベリーの葉形は、楕円形、長楕円形、長卵形、卵形などに分けられます。

また、葉身周縁の形状から、葉縁が滑らかで鋸歯《きょし》や切れ込みがない全縁状と、葉縁が切れ込み状になっている鋸歯状の二つがあります。さらに、葉の先端の形、葉の基部の形、葉身の波曲の有無などからも分けられます。

葉の大きさ

一般的にノーザンハイブッシュの葉は大きく、ラビットアイ、ハーフハイハイブッシュの葉は小型です。サザンハイブッシュにも「サンシャインブルー」など小葉の品種があります。

葉の大きさが栽培環境によって変わることもあります。枝の種類、伸長時期によっても違います。春枝よりも強い発育枝の葉が大きく、一つの枝では基部や先端部よりも中央部の葉が大きいのが一般的です。

根の分布と伸長

ブルーベリーの根は、浅く広く張ります。深さは30cm前後、横は樹冠下まで張ります。

ひげ根

ブルーベリーには、他の高木性果樹のような主根や側根と呼ばれる根の区別はなく、繊維根と呼ばれるひげ根だけです。便宜的に太さが2mm以下の細《ほそ》根《ね》と鉛筆大の太さの太根《ふとね》に区分されています。

根は樹冠下内に分布

ひげ根の太さは直径がわずか50～75μm（ミクロン）ほどで、水や無機栄養分を吸収する役割を果たしています。

多くの植物では、根の頂端近くに伸長帯と根毛帯があり、養水分の吸収は根毛帯で活発に行われています。しかし、ブルーベリーには根毛がありません。そのため、根の養水分吸収力、伸長力も弱く、生育に適した条件下でも1日1mmくらいの伸長速度といわれています。

旧根は形成層、コルク形成層の活動によって2次肥厚し、太くなります。初め土の表面近くの根が太くなり、やがて地中の根に及びます。

根の分布

ひげ根のため土中への伸長範囲は狭く浅く、根群はほとんど樹冠下内で深さ5～20cmくらいの範囲にあります。

根の分布は、土の物理性、地下水位、土中の肥料分などに影響されます。

粘質で通気性や通水性が悪い土、地下水位が高いところではもともと栽培が困難か、栽培できても根の伸長が悪く、分布の範囲も狭くなります。根は肥料分や水分が適度にあるところに密に張ります。

種類による根張りの差

種類によっても根の張り方に違いがあります。以前、植えて2年目のブルーベリー樹を事情があってやむなく引っ越ししたことがありました。引っ越し前の園の土壌は粘土質でした。植えつけ時はそこに穴を掘りピートモス（水ゴケやシダが腐蝕した酸性度の強い土）を入れて植えたのですが、引っ越しで樹を掘り上げたときのことです。

ノーザンハイブッシュの根は周囲の粘土質には張らず、ピートモスの部分だけに張っていました。サザンハイブッシュを掘り上げると周囲の粘土がついてきました。粘土の中まで根が張っていたのです。ラビットアイでは、さらに多くの根が粘土内に張っているのを目のあたりにしたことがあります。

このように種類により、根の張り方が異なります。

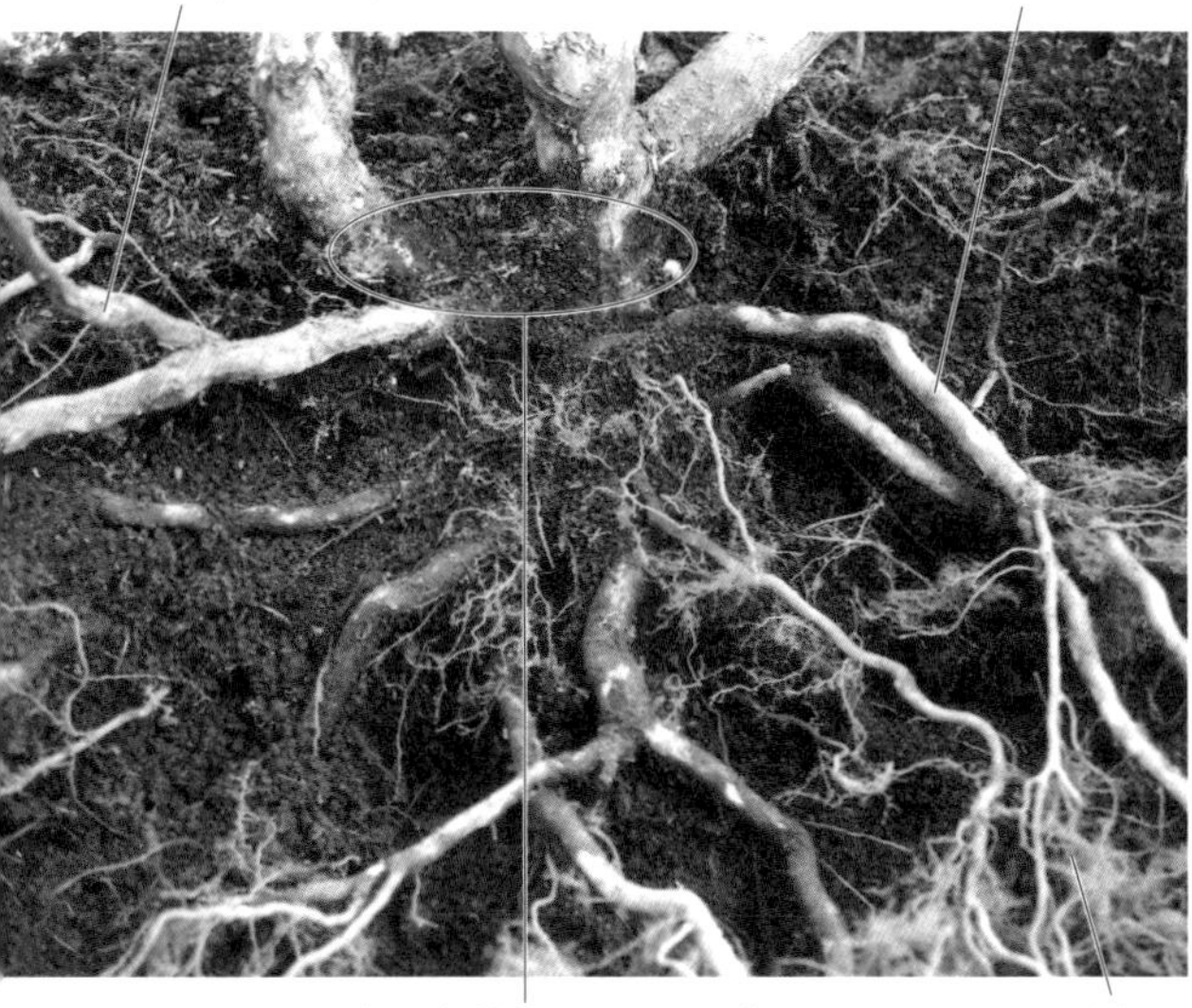

ブルーベリーの細根

根はほとんど樹冠下に分布する

年間の根の動き

根には休眠がなく、地温と土の水分条件が整っていれば、年間を通じて活動しています。

根の動きに二つの山

ノーザンハイブッシュの根の動きを1年間にわたって調べた調査（アメリカ北東部のニューハンプシャー州）から、根の動きには二つの山があることがわかっています。

一つ目の山は6月初旬で、春枝の最大伸長期とほぼ同時期です。この結果は、ブルーベリーでは根の身長と新梢の伸長が相互に補完しあっていることを示しています。もう一つの山は9月の2週目でした。

活動期の地温は14〜18℃

これらの二つの山が見られた活動期の地温を調べたところ、二つの山とも、地温は14〜18℃の間でした。すなわち地温が7℃以下のときは根の伸長はあまり見られず、地温が16℃くらいに達するまで伸長速度が高まりました。しかし、地温が20℃を超えると、ふたたび根の伸長速度が劣っていました。

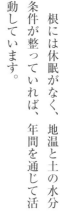

ブルーベリーの芽と花の構造・形状

葉芽と花芽

落葉後、冬を越す枝には2種類の芽があります。

一つは葉芽《ようが》で翌年新梢が伸びます。もう一つは花芽《かが》（「はなめ」ともいう）です。前年枝の先端とその下部の数節《せつ》が花芽になります。いわゆる頂側性花芽で、花芽と葉芽が別々になる純正花芽です（**図1―4**）。一つの芽からたくさんの花が咲きます。

図1－4　枝の伸びと芽の着き方

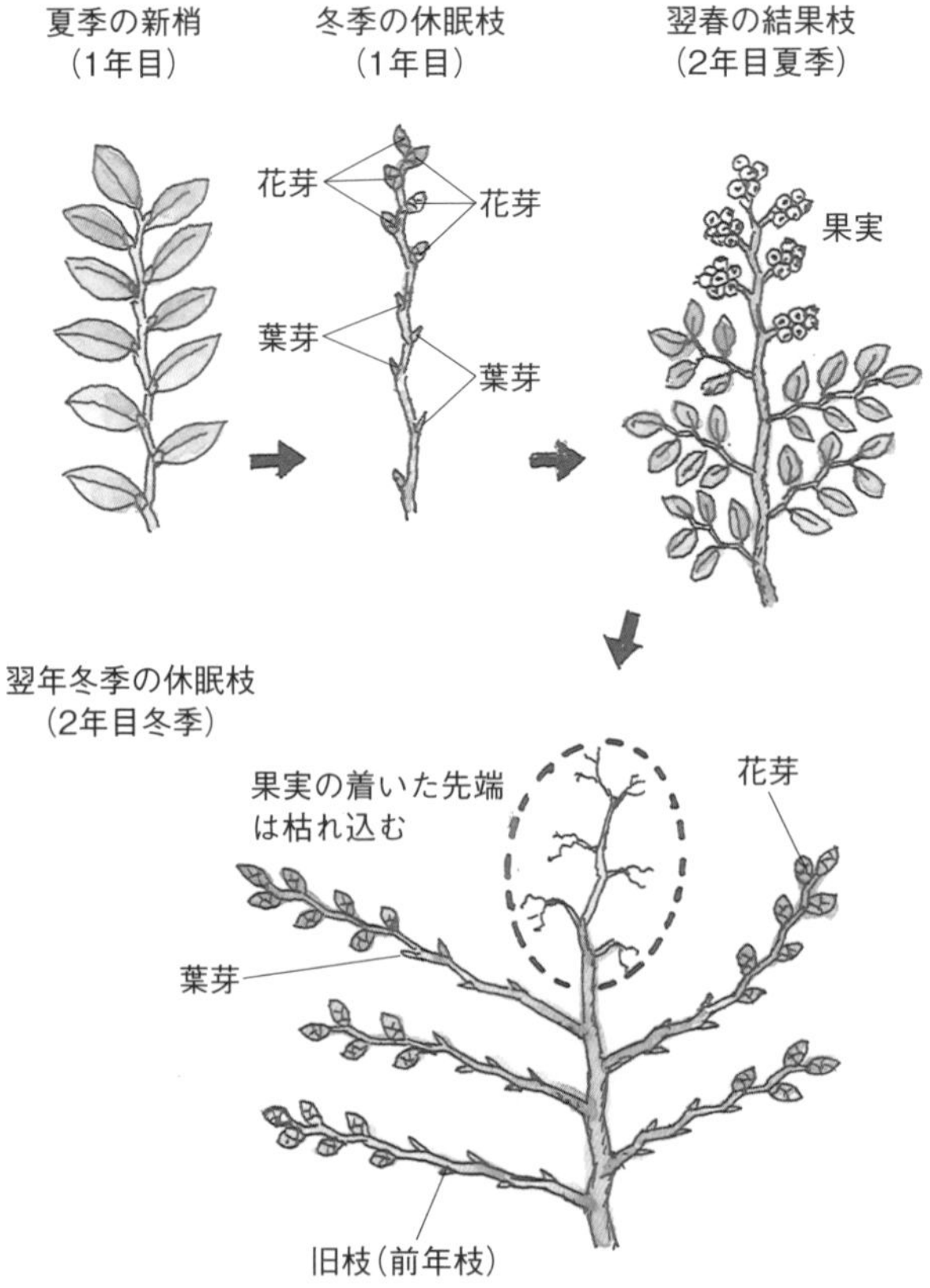

花の構造・形状

花の形と色

花（小花《しょうか》）は完全花で、構造は**図1―5**のようになっています。釣り鐘状花がほとんどで下を向いて咲きます。まれに横向きもあります。

花の形は釣り鐘状のほかに、球形、つぼ形、管状形などさまざまで、丸かったり細長かったりします。花の色は多くは白色ですが、ほんのりピンク

花の縦断面

図1－5　花の構造と果実の発育・肥大

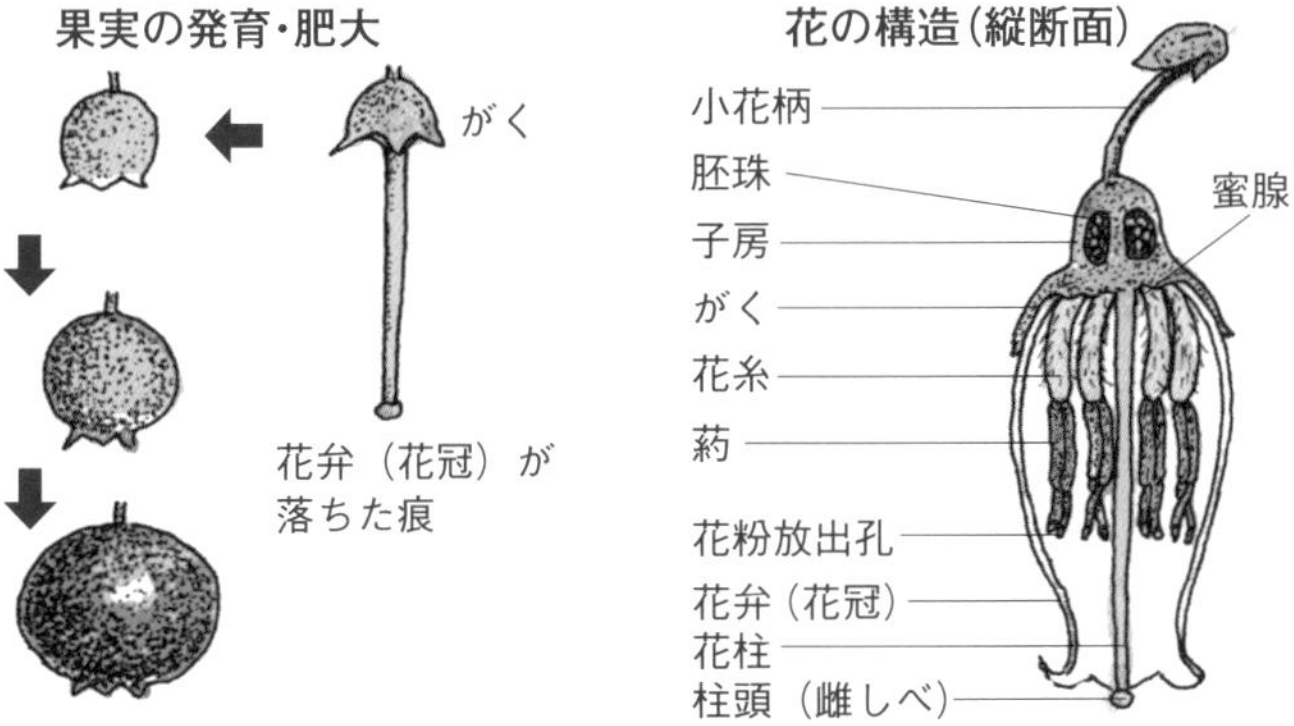

注：Williamson and Lyrene（1995）
などをもとに加工作成

釣り鐘状

つぼ形

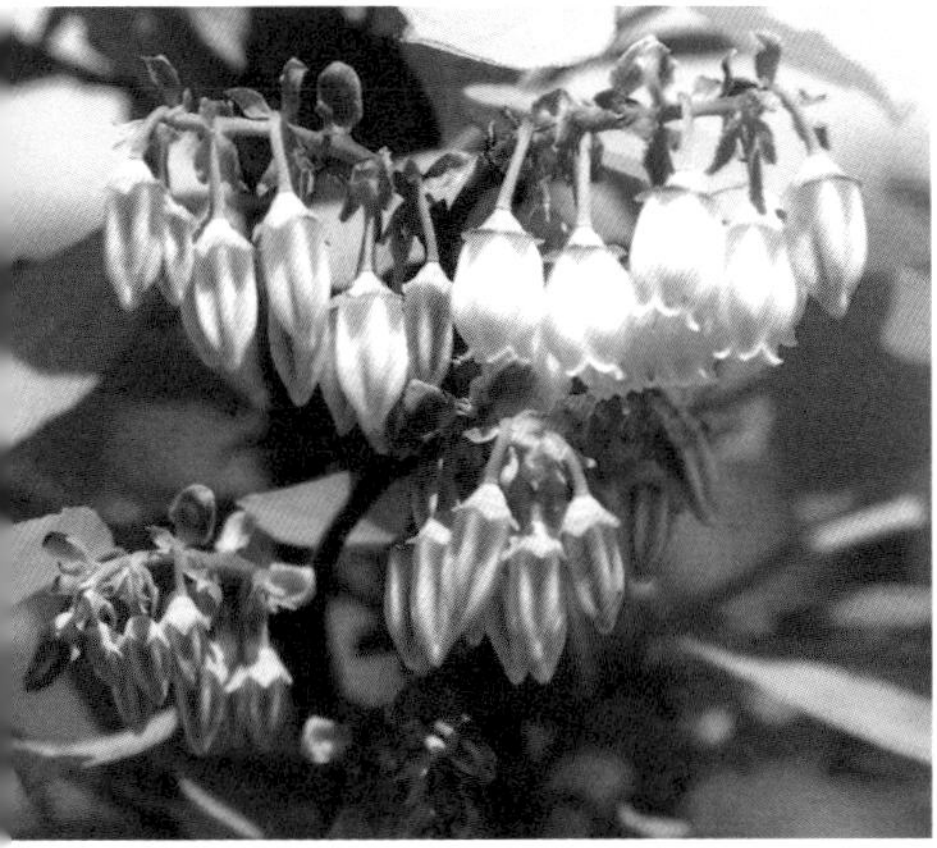
長く伸びた花梗に花を多く着ける

色、黄ばんだ色、純白色など品種によって異なります。花には中央に雌《し》ずいがあり、それを囲むように雄《ゆう》ずいがあります。雌ずいの柱頭は、花の先から少し飛び出ています。

花序

枝上の花の配列状態を花序《かじょ》といいます。花序には一定の規則性があり、ブルーベリーは総状花序です。すなわち、長く伸びた花梗《かこう》に小花を多数着けます。

先端の花房から開花する

通常、1節に1個の花房を着けます。2個の花房（2次花序、副芽）を着ける場合もあります。2次花序は1次花序よりも小花数が少なく、開花が遅い傾向にあります。枝あたりの着生花房数は、同一品種でも枝の種類（春枝、夏枝、徒長枝など）、枝の長さによっても違います。

小花数

ブルーベリーでは、一般的に、1花房内の小花数が7～10くらいです。小花数は1本の枝でも果房の着生位置によって異なり、先端の花房で多く、下位の花房で少ない傾向があります。

　これは、花芽分化の順番が枝の先端から下位に進むため、下位の果房ほど分化時期が遅く、発育する期間が短かったことによるとされています。

がく、花冠

小花には、がく、花弁があり、その区別がはっきりしています。

　がくと花冠は、雄ずいや雌ずいの外側にあります。がくは、四つから五つの切れ込みがあって筒を形成し、子房に着いています。そのため、成熟するまで果実に付着しています。

　花弁は結合して花冠となり、四つから五つの切れ込みがあります。

雄ずいは花柱の周囲に密に着いている

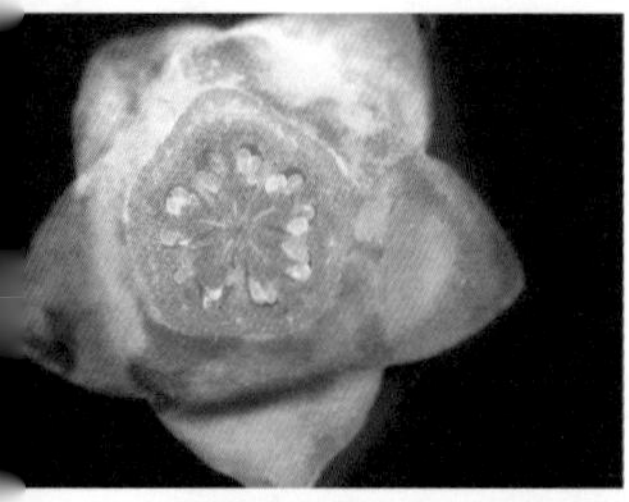
子房の横断面（中央に胚珠、子室）

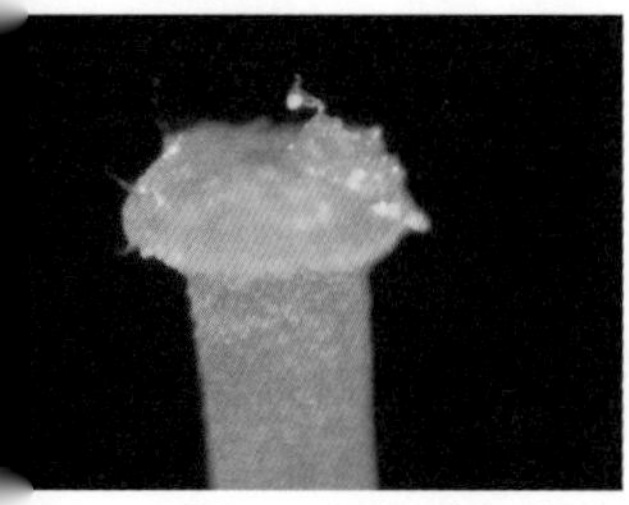
花柱上の柱頭に花粉が付着

雄ずい

雄ずいは、花冠の基部に差し込まれ、花柱のまわりに円状に密に着いています。花冠の切れ込みの2倍の8～10個あります。雄ずいは、糸状の花糸と内部に花粉を蓄えている葯からなり、雌ずいの花柱よりも短くなっています。

雌ずい

雌ずいは1本で花の中心部にあり、胚珠を収めている子房と小さい柱頭を持った糸状の花柱からなります。

　子房は、雌ずいの基部の膨らんだ部分で、4～5個の子室があります。その子室の中に種子となる胚珠が入っています。

　柱頭は雌ずいの先端にあって、花粉が付着する場所です。粘液を分泌していて受粉に適する構造になっています。花柱は、子房と柱頭をつなぐ部位です。柱頭で発芽した花粉の花粉管は、花柱を通って子房に着きます。

開花

ブルーベリーは、関東地方平地では4月に開花します。

　葯の下半部は袋状になって花粉を蓄えます。上半部は二つの管状の小突起があり、先端は花粉放出孔になっています。花粉は、4分子で立体的に集合しています。すなわち、一粒に見えるものは4個の花粉の塊です。花糸には縁に毛があります。

　花芽の萌芽は、花房の花梗と小花梗が急速に伸びた結果です。

ブルーベリーの果実の構造・形状

果実の構造

ブルーベリーは、子房のみからできた真果です。子房壁は果皮となり、果実では外側から外果皮、中果皮、内果皮に分けられ、果肉の大半は中果皮で中果皮が多汁になる液果（漿果《しょうか》）です。

子房からできた果実は4～5個の子室からなり、一つの個室中に数十粒の種子を含みます。子室の周囲には小さい石細胞《せきさいぼう》、果実の中央部には維管束があります（図1―6）。

図1－6　果実の構造（横断面）

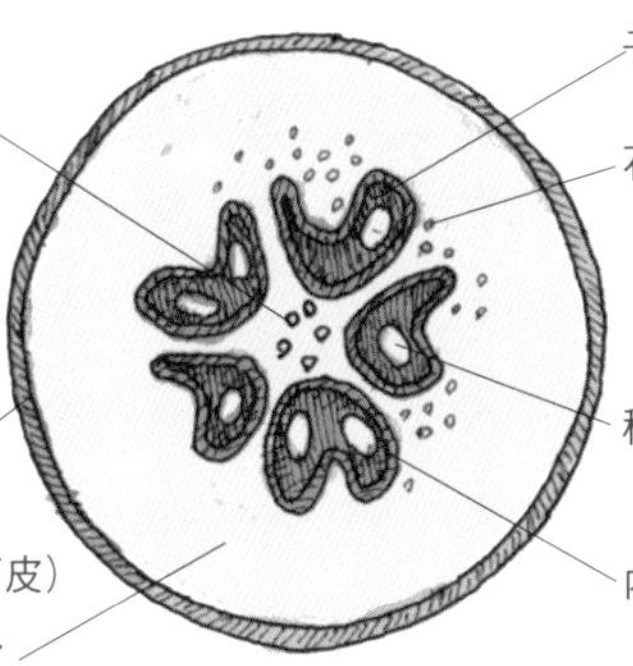

注：Eck and Cilders（1966）をもとに加工作成

果実の形状

果実の外形

果形は、がく側から見ても果柄痕側から見てもほぼ円形です。側面から見ると、円形、扁円形に大別されます。

また、果実に付着しているがくの開閉の状態から、がくが外側に開いている平開、半分開いた半開、直立、がくが内側にかぶさっている閉鎖などに分けられます。

果粉と果皮色

成熟果は、果皮が白粉状のろう質、いわゆる果粉（ブルーム）で覆われています。それがブルーベリーの特徴的な果皮色を呈します。

果粒はほぼ円形

果粒の縦断面

果粒の横断面

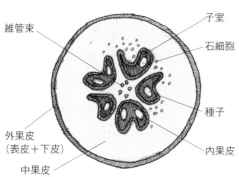

果皮色は、品種特製の比較から明青色、青色、暗青色の三つに区分されています。花粉により、品質の劣化が抑えられます。

果実の成長過程

二重S字曲線

果実は、二重S字曲線を描いて成長します。受精後およそ1か月間は、果実が急速に肥大する成長周期第Ⅰ期で、細胞分裂によって細胞数が増え、個々の細胞が肥大する期間です。

それ以降の約1か月間は、品種によって長短がありますが、果実は緑色のままで、大きさにはほとんど変化が見られない成長周期第Ⅱ期です。しかし、この期間は果実中の胚および種子の旺盛な発育期で、ほとんどが成熟しています。

この変化の少ない第Ⅱ期を過ぎると、外観に大きな変化が現れ、がくの端が紫色に変わり、果実の緑色は半透明色になって数日間内に明るい赤紫色になります。その後は、青色を増して成熟果本来の明青色から暗青色になります。この時期を成長周期第Ⅲ期といい、細胞が最大に肥大する期間です。

果実の成長周期第Ⅲ期になると、果実は急激に大きくなり、横径は50%も増大します。また、本来の果色になってからでもさらに増大し、数日内に甘さ、香りが高まります。

未熟果は果房ごとに枝から離脱しますが、成熟果では果柄が付着することなく、果実だけが離脱します。品種により果柄ごと取れやすいものもあります。未熟果では離層が枝と果梗との間にでき、完熟果では果実と果梗との間にできるためです。

果房の状態

果房の状態は、一般的に果柄の長さ（短、中、長）、果房の粗密（果粒の密着の程度で粗、中、密）から比較されます。いずれも収穫時の能率、および果皮の傷害（果実間の押し傷）と関係しています。

成熟果を一粒ずつ摘み取る手収穫では、果柄が長く、果房が粗のものが収穫能率が上がります。

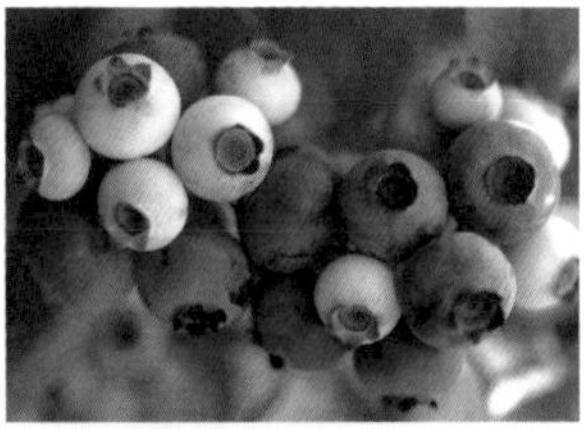

果実の着色段階は、同一枝・同一花房でも異なる

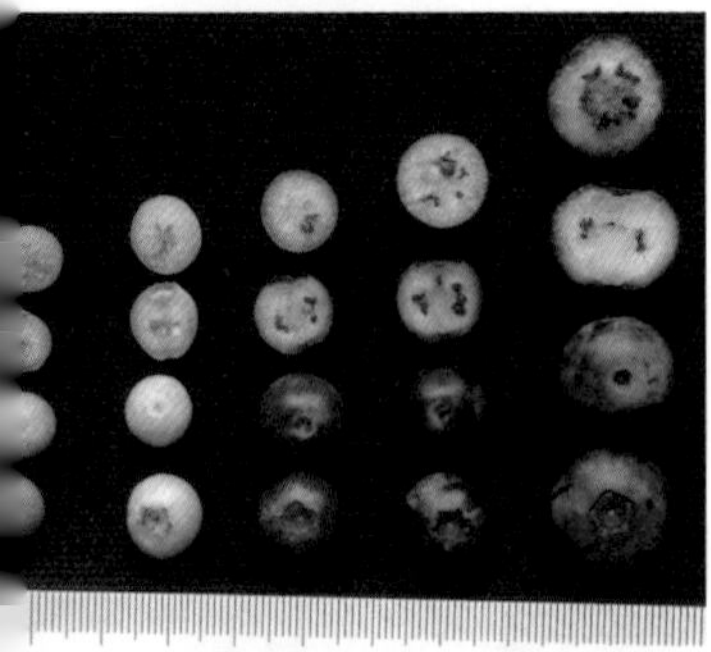

着色段階と果実・種子の成長

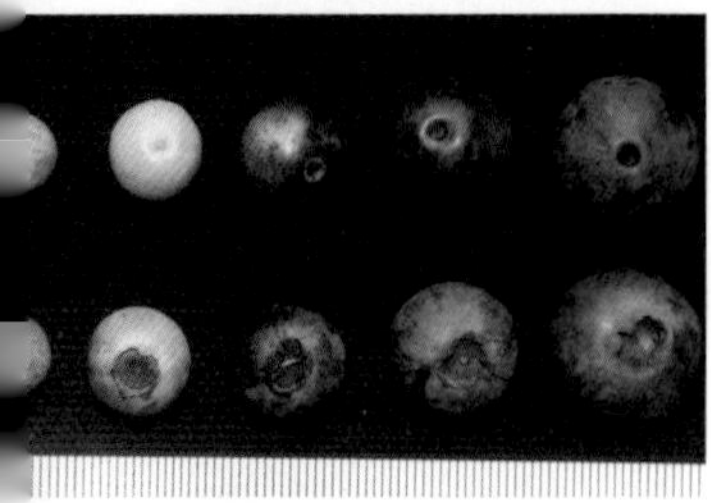

着色段階と果実の大きさ

種子の状態

受精した胚珠が成長して種子になります。種子は、花の段階で見られた珠皮が発達した種皮、養分を供給する胚乳、次世代の始まりとなる胚の三つからなります。成熟果は、およそ50～60粒の種子を含んでいます。

種皮

種皮は1層の厚く硬いリグニン質からなり、胚乳を包んでいます。表面には小さいくぼみがあり、全体が網目模様を呈しています。

種皮の色は、黄褐色から暗褐色まであります。暗褐色の種皮は大粒種子に、黄褐色の種子は小粒種子に多く見られます。

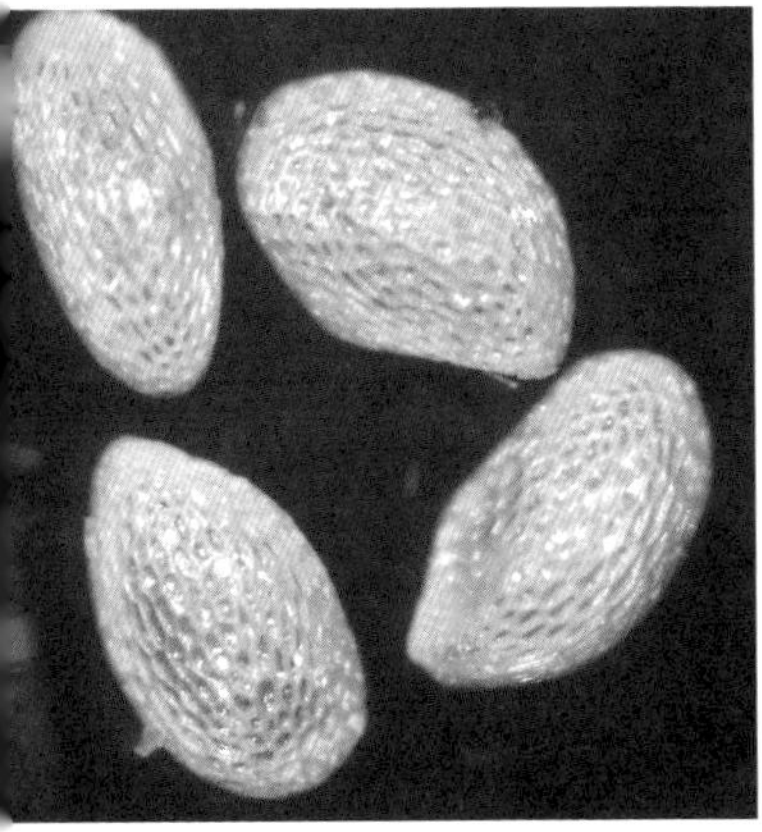

種子の外観、種皮は１層の厚くて硬いリグニン質からなる。表面には無数のピットと呼ばれる小さいくぼみがある

胚

ブルーベリーは有胚乳種子です。したがって、胚は幼根、胚軸、子葉から成り立っています。

幼根は胚軸の下部にあり、種子の発芽とともに成長して根になります。

胚軸は上に子葉を、下に幼根を着けています。

ブルーベリーは双子葉である

子葉は種子が発芽するさいに最初に展開する葉で、2枚あります。発芽後、子葉は地上で左右に展開する地上性子葉です。そのため、子葉は葉緑素を持ち光合成を行い、自身の貯蔵物質とともに幼植物に栄養を供給し、成長に伴って落花します。

種子の形状

種子の大きさはさまざまで、長さが0・5～1・5㎜、幅が0・1～0・5㎜くらいあります。また、形もさまざまで丸く細長い形、小さく丸いものなどがあります。

種子は、胚乳ができている充実種子と、胚乳がなく種皮のみの不充実種子に分けられます。

しかし、種子を切断して胚乳の状態を調べるのは困難であるため、外観から大粒種子と小粒種子に区分するのが一般的です。

ブルーベリーの分布・種類と品種

分布地域と種・系統

種、および系統（タイプ、グループ）の品種によって、気温や降水、霜などの気象条件に対する適応性が異なります。気象条件のうち、温度（気温）が最も重要です。日本における今日までの栽培経験から、温度とブルーベリーの系統との関係を知ることができます（**図1—7**）。

図1－7　栽培ブルーベリーの栽培適地

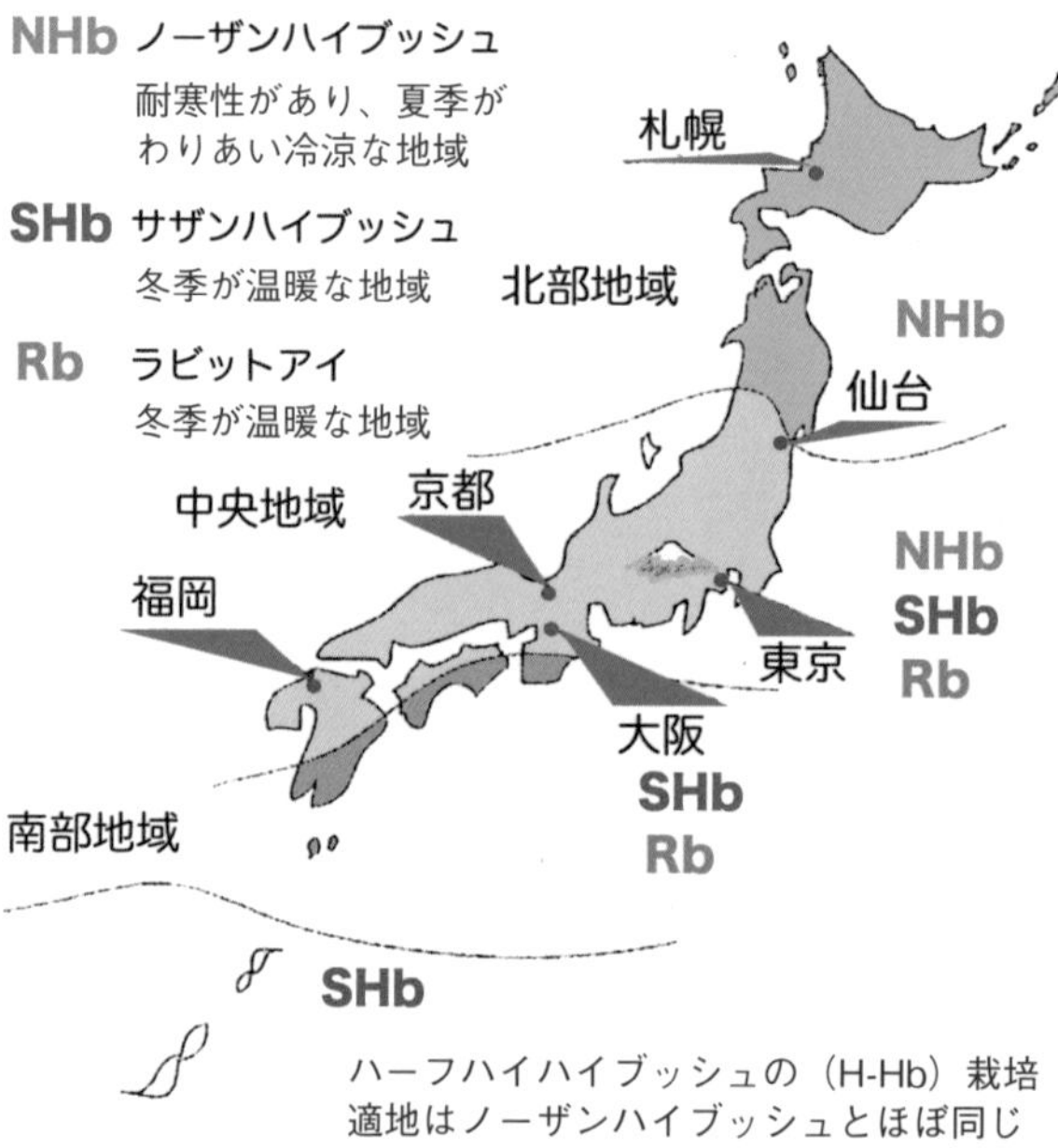

ハーフハイハイブッシュの（H-Hb）栽培適地はノーザンハイブッシュとほぼ同じ

北海道および東北地方、本州中部の標高の高い地域は、冬季の低温が厳しいため、耐寒性が強いノーザンハイブッシュ、ハーフハイハイブッシュの栽培が適しています。

関東北部から東海、近畿、北陸、中国、四国、九州南部までは、冬季が比較的温暖であるため、ノーザンハイブッシュ、サザンハイブッシュおよびラビットアイの三つの系統（タイプ、グループ）を育てられます。

系統ごとの品種特性

まずはハイブッシュの三つの系統、さらにラビットアイの主な品種の特性を述べます（**表1—1**）。国内で市販されている品種はすでに100を超えるといわれていますが、近年の傾向を踏まえて重要品種を主にし、有望品種を加えて紹介するものです。

発表年、育成元、（母親×父親）、特徴の順で記します。熟期は関東平地を標準としています。

ノーザンハイブッシュの品種

表1－1　栽培ブルーベリー4系統（タイプ、グループ）の樹と果実

樹と果実の特徴／系統（タイプ）	樹						果実				
	樹形	樹高（m）	樹勢	発育枝 枝の伸長	低温要求性	耐寒性	大きさ	食味	貯蔵性	収量	成熟期
ノーザンハイブッシュ（NHb）	中	1.0～2.0	中	中	多	強	大	優	良	多	6月上旬～7月下旬
サザンハイブッシュ（SHb）	中	1.0～1.5	弱	弱	少	弱	中	優	良	中～少	6月中旬～7月中旬
ハーフハイハイブッシュ（H-Hb）	小	1.0前後	弱	弱	多	強	小	優	良	中～少	6月中旬～7月中旬
ラビットアイ（Rb）	大	1.5～3.0	強	強	中	弱	大～中	優	優	極多	7月中旬～9月上旬
他の果樹との相違点	株元から強い発育枝、地下をはって吸枝が発生してブッシュ（株）状になる　樹形、整枝・剪定法が大きく異なる						収穫期は、ノーザンハイブッシュ、ハーフハイハイブッシュおよびサザンハイブッシュでは主に梅雨期、ラビットアイでは盛夏から晩夏				

注：『図解 よくわかるブルーベリー栽培』玉田孝人・福田俊著（創森社）

チャンドラー（NHb）

ブリジッタ（NHb）

ブリジッタ（Brigitta）

1977年、オーストラリア ビクトリア州農業省、（レイトブルー自然受粉実生）

熟期7月上旬～下旬。ブルーム濃く美しい中大粒で甘酸適度で味が良い。樹姿は直立性。

チャンドラー（Chandler）

1994年、USDA（アメリカ農務省）、（ダロウ×M-23）

白く大きく長い花。熟期7月上旬～中旬。最も大きい実がなる品種。直径35㎜、重さ11gの特大粒の記録あり、花も縦長で大きい。酸味もある。樹姿は直立性。

ダロウ（Darrow）

1965年、USDA・ニュージャージー州立農業試験場、（F-72×ブルークロップ）

熟期7月上旬～中旬。ブルームが多く特大果。風味優れ味が良いが、完熟前は酸味が強い。樹姿は開張性。

エチョータ（Echota）

1999年、ノースカロライナ州立大学、（E-66×NC683）

熟期6月下旬～7月上旬。やや大きめの美しい実で、収穫量も多い味の良い品種。

レイトブルー（Lateblue）

1967年、USDA・ニュージャージー州立農業試験場、（ハーバート×コビル）

熟期7月中旬～下旬。ハイブッシュでは晩生種。やや大きめの実で味が良い。ラビットアイの収穫までをつなぐ品種。梅雨末期の長雨に遭遇すると落下し、収穫できない年もある。

レガシー（Legacy）

1993年、USDA・ニュージャージー州立農業試験場、（エリザベス×US75）

純白に輝く花。熟期7月上旬～中旬。ノーザンに分類されるが、父親US75はFla4b×ブルークロップでサザンの血が入っている。生育旺盛でつくりやすく、やや大粒の揃った実がたくさんなる。ブルーム濃く味が良い。

スパルタン（Spartan）

1977年、USDA、（Earliblue×US11-93）

ちょっと黄ばんだ丸く大きな花。熟期6月中旬～7月上旬。早生で大粒。500円玉を超える特大果もある人気品種。パリッとした食感で味が良い。根が弱いので関東以西の平地では非常につくりにくい。ラビットアイに接ぎ木をすればよくできる。

ダロウ（NHb）

エチョータ（NHb）

レイトブルー（NHb）

ハーフハイハイブッシュの品種

リトルジャイアント

ブラッデン（SHb）

レガシー（NHb）

ブルーリッジ（SHb）

スパルタン（NHb）

クーパー（SHb）

リトルジャイアント(H-Hb)

(Little Giant)

1995年、USDA、(V.constablael ×V.ashei T65)

赤色が混じった小さな花。熟期6月中旬〜7月上旬。小粒だがおいしい。完熟させて一斉に取るのがよい。小粒でも収穫量は多い。半樹高タイプだが、樹高は150cmを超える。

サザンハイブッシュの品種

ブラッデン (Bladen)

1994年、ノースカロライナ州立大学、(NC1171×NCSF-12-L)

ピンク色の大きめの花。熟期6月下旬〜7月上旬。果実の大きさは中粒だが、味は良い。大きな赤い花が特徴。栽培種の中では抗酸化能が最も強いといわれる。

ブルーリッジ (Blue Ridge)

1987年、ノースカロライナ州立

大学・USDA、（Patriot×US74）
熟期6月下旬～7月上旬。大きめの果実がなる。果柄痕は大きめ。

クーパー（Cooper）

1987年、USDA小果樹研究所、（G-180×US75）
熟期6月中旬～7月上旬。やや大粒でブルームが濃く美しい。味が良い。完熟すると落下しやすい。

ユーリカ（Eureka）

2008年、オーストラリアMBO社、（S02-25-05×S03-08）
大きめの白い花。熟期6月上旬～下旬。果実は特大、パリッとした新食感。さわやかでフルーティな香り、糖度高い。オーストラリア特許品種のため、増殖は禁じられている。

マグノリア（Magnolia）

1994年、USDA小果樹研究所、（FL78-15×FL72-5）
熟期7月上旬～下旬。ブルームが濃く美しい。果実は中～大粒。サザンハイブッシュの代表品種の一つ。味が良い。収量も多い。

ミスティ（Misty）

1990年、フロリダ大学、（FL67-1×エイボンブルー）
小さめの花が着き過ぎるぐらい着く。熟期6月下旬～7月中旬。葉の色が黒っぽい濃緑でなかなか紅葉しない。花は小さくたくさん着くのでそのままでは小粒になってしまうが、剪定時に花芽を制限すると大きめの実になる。味は良い。

オニール（O'Neal）

1987年、ノースカロライナ州立大学・USDA、（ウォルコット×Fla4-15）
熟期6月中旬～下旬。サザンの代表品種の一つ。味が良い。収量も多い。

ユーリカ（SHb）

マグノリア（SHb）

ミスティ（SHb）

シャープブルー（SHb）

オニール（SHb）

スター（SHb）

オザークブルー（SHb）

サミット（SHb）

オザークブルー（Ozarkblue）

1996年、アーカンソー州立大学、（G-144×FL64-76）

熟期7月上旬〜下旬。中大粒で味が良い。雨でも裂果しにくい。アメリカ特許品種のため増殖は禁じられている。

シャープブルー（Sharpblue）

1975年、フロリダ大学、（Fla66-11実生）

熟期6月下旬〜7月下旬。味は良い。オニールと並び、サザンの代表品種の一つ。花芽が着き過ぎるので、花芽制限剪定をしないと小粒になる。

スター（Star）

1996年、フロリダ大学、（FL80-31×オニール）

熟期6月下旬〜7月中旬。中粒で味が良い。がくが開き、星型になるのが特徴。アメリカ特許品種のため、増殖は禁じられている。

サミット（Summit）

1998年、ノースカロライナ州立農業試験場など、（G-144×FL14-76）

熟期7月上旬〜下旬。サザンの中では大粒。味が良い。

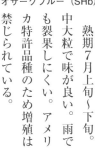

ラビットアイの品種

ブライトウェル（Brightwell）

1981年、ジョージア州沿岸平原試験場・USDA、（ティフブルー×メンディトゥー）

熟期7月下旬～8月中旬。中粒だが収量はきわめて多い。

クライマックス（Climax）

1974年、ジョージア州沿岸平原試験場・USDA、（キャラウェイ×エセル）

熟期7月下旬～8月中旬。ラビットアイでは早生。成熟期間が集中するので一斉に収穫ができる。樹姿は半直立性。

デライト（Delite）

1969年、ジョージア州沿岸平原試験場・USDA、（ブルーベル×T-15）

熟期8月中旬～下旬。丸く大粒で4gを超える粒もある。ブルームは薄い。果皮に濃淡の斑《まだら》模様が入る。独特の風味があってきわめて美味。樹姿は超直立性で結果枝が多数出る。

ブライトウェル（Rb）

クライマックス（Rb）

デライト（Rb）

フクベリー（Fukuberry）

2008年、福田俊、（ウッダードの偶発実生）

7月下旬から9月まで取れる。台風害がない年は10月まで樹上にある。ブルームが多く大粒で4gを超える粒もある。さわやかな味。食味の良さに定評あり。貯蔵性は抜群。脱粒しにくく完熟収穫が可能。樹姿は開張性。2008年農林水産省品種登録。

ホームベル（Homebell）

1955年、ジョージア州沿岸平原試験場・USDA、（マイヤーズ×ブラックジャイアント）

熟期7月下旬～8月中旬。中粒でブルーム少なく黒っぽい実だが甘い。アントシアニン含量が多いデータもあ

パウダーブルー（Rb）

フクベリー（Rb）

プレミア（Rb）

ホームベル（Rb）

ティフブルー（Rb）

る。樹勢が強いので台木としての利用価値も高い。黄緑色の丸く大きな葉が特徴。

パウダーブルー（Powderblue）

1975年、ノースカロライナ州立農業試験場・USDA、（ティフブルー×メンディトゥー）

熟期8月中旬～9月中旬。中粒だがブルームが濃く美しい。収量がきわめて多い。樹姿は直立性。

プレミア（Premier）

1978年、USDA、（ティフブルー×ホームベル）

熟期7月下旬～8月中旬。中大粒でブルームが濃く美しい。収穫量がきわめて多い。樹姿は直立性。

ティフブルー（Tifblue）

1955年、USDA・ジョージア州沿岸平原試験場、（エセル×クララ）

やや細身の花。熟期7月下旬～8月下旬。ラビットアイ種の歴史的代表品種。早取りでは酸味が強い。中粒でブルーム濃く味は良い。樹姿は直立性。

タイタン（Titan）

2010年、ジョージア大学、（T-460×FL80-11）

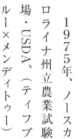

熟期7月上旬〜8月上旬。ラビットアイでは早生品種。特大粒でラビットアイでは最も大きい。果実は硬くパリッとした食感。アメリカ特許品種のため、増殖は禁じられている。

ウッダード (Woodard)

1960年、ジョージア州沿岸平原試験場・USDA、(エセル×キャラウエイ)

丸く、かわいい花がたくさん咲く。

熟期7月下旬〜8月中旬。フクベリーの母親。果実は大きいのもあるが未受精で膨らまないものもある。樹姿は開張性。

タイタン (Rb)

ウッダード (Rb)

立地と品種の選び方

品種選択の基準

まず初めに、自分の地域の気象条件下で育てられるブルーベリーの種、系統を決定します。次に、その中から品種を選択します。

品種は、ある一定の判断基準に従って選択します。一般的には、成熟期の早晩、樹性、果実の諸形質の三つを重視します。これらの形質は、さらに細かい内容からなっています。なお、結実率を高め、大粒果を生産するためには、第2章の37ページでも述べますが同一場所(鉢植えの場合は置き場所)で同じ種の2品種以上を育てることが必須条件です。

気象条件などを考慮して品種を選ぶ

成熟期の早晩

ブルーベリーの成熟期(関東南部の場合)は、大きくは次の四つに分けられます。

①早生《わせ》(6月上旬〜中旬)
②中生《なかて》(6月下旬〜7月中旬)
③晩生《おくて》(7月下旬)
④極晩生(8月上旬以降。極晩生の品種はラビットアイに限られます)

実際に植えつける品種は、これらの成熟期別に選択することになります。

なお、同一場所で育てた場合、成熟期が異なっても、開花時期はほとんど同じ頃です。

第2章

苗木の植えつけと仕立て・剪定

東西方向への長方形植えが一般的

開園準備と植栽密度の検討

園地の造成

高畝が基本

排水の良い粘土質でない場所が理想的ですが、田んぼや粘土質の場所は、手を加えれば栽培は可能です。

粘土質の場合は穴を掘ると水がたまり、冠水する結果、根が酸欠状態になり、とくにノーザンハイブッシュは枯れることがあります。そのため穴は掘らずに、高畝（20㎝ほど）状態の列をつくって苗を植えます。

高畝を基本とすることによって土壌の通気性、および排水性が優れ、また、土壌が沈下して過湿になることを防ぎます。

経済栽培では高畝が一般的である。通気性・通水性が良くなり、生育がよい

粘土質に植えた失敗例

筆者が最初に手がけたブルーベリー園の造成は、緩やかな斜面の粘土質でした。斜面なので、水はけは良いと思ったのが間違いでした。直径80㎝、深さ40㎝の穴に、ピートモスをたっぷり入れてブルーベリーを植えつけました。

その後、すくすくと伸びて順調に生育したのですが、ある大雨の後、元気だったノーザンハイブッシュの何株かが突然枯れました。その原因は、斜面とはいえ、穴を掘って植えていたことが原因でした。

粘土質の場合は、掘った穴には水がたまります。冠水してしまったブルーベリーの根が酸欠状態になったのです。その後、園を引っ越しましたが、粘土質土壌で穴を掘って植えるのはダメだという教訓を自ら体験しました。

土壌改良のポイント

排水を良くすることが、最も重要です。暗渠工事を行う方法もありますが、高畝にする方法のほうが簡単です。用土は酸性のピートモスを使うにしてもピートモスは高価です。

木材チップの投入

そこで地植えでは、大量に木材チップなどを投入して積み上げる方法があります。

木材チップは有機物マルチとしての利用に加えて、最近では、チップに根を張らせる土壌改良材として利用されはじめています。しかし、木材チップは中性なのでpH調整が必要です。

ちなみに望ましいpHは4・5〜5が目安です。酸性にするためには、硫黄を投入する方法（**表2—1**）と硫安を投入して調整する方法があります。比較的安い硫安を使う方法がおすすめです。

筆者の経験では、pH6・9の木材チップに植えたブルーベリー1株当たり株まわりに硫安を1回70gで2か月置きに3回まいたところ、pHは5・3まで下がりました。これは硫安の窒素が木材チップの分解に使われ、硫酸が残ったことによる化学変化です。

表2－1　望ましい土壌pH（pH 4.5）にするために必要な硫黄の量

現在の土壌pH	土壌のタイプ（10a当たりのkg）		
	砂土	壌土	埴土
4.5	0	0	0
5.0	20	60	91
5.5	40	119	181
6.0	60	175	262
6.5	75	230	344
7.0	95	290	435

（出典）Pritts, P. and J.F. Hancock（1992）

植栽密度の検討

植栽密度の留意点

植栽密度は、厳密にはブルーベリーの種、系統、品種特性、土壌の土層・肥沃度などによって異なります。しかし、一般的にはブルーベリーの系統などによる樹形の大小、運搬などに用いる機械の大きさなどを考慮して決めます（**表2—2**）。地形などにもよりますが、東西方向に沿った長方形植えが一般的です。

表2－2　ブルーベリーの植栽密度と10a当たりのおおよその樹数

樹間（m）	樹列（m）		
	2.0	2.5	3.0
1.0	500本	400本	333本
1.2	417	340	289
1.5	325	260	221
2.0	250	200	170
2.5	200	160	136
3.0	175	140	119

植栽密度の目安

ノーザンハイブッシュは株間1・5〜2×列間3m、ラビットアイは株間2・5〜3×列間3m、サザンハイブッシュおよびハーフハイハイブッシュは株間1〜1・5×列間2〜2・5mが標準です。標準以下の密植は、将来的に管理しにくくおすすめしません。

植栽密度は、系統などによる樹形の大小を目安にして決めます。

苗木の種類と求め方

苗木の種類

市販されている苗木は、通常ポット苗です（図2―1）。

図2－1　苗木の入手

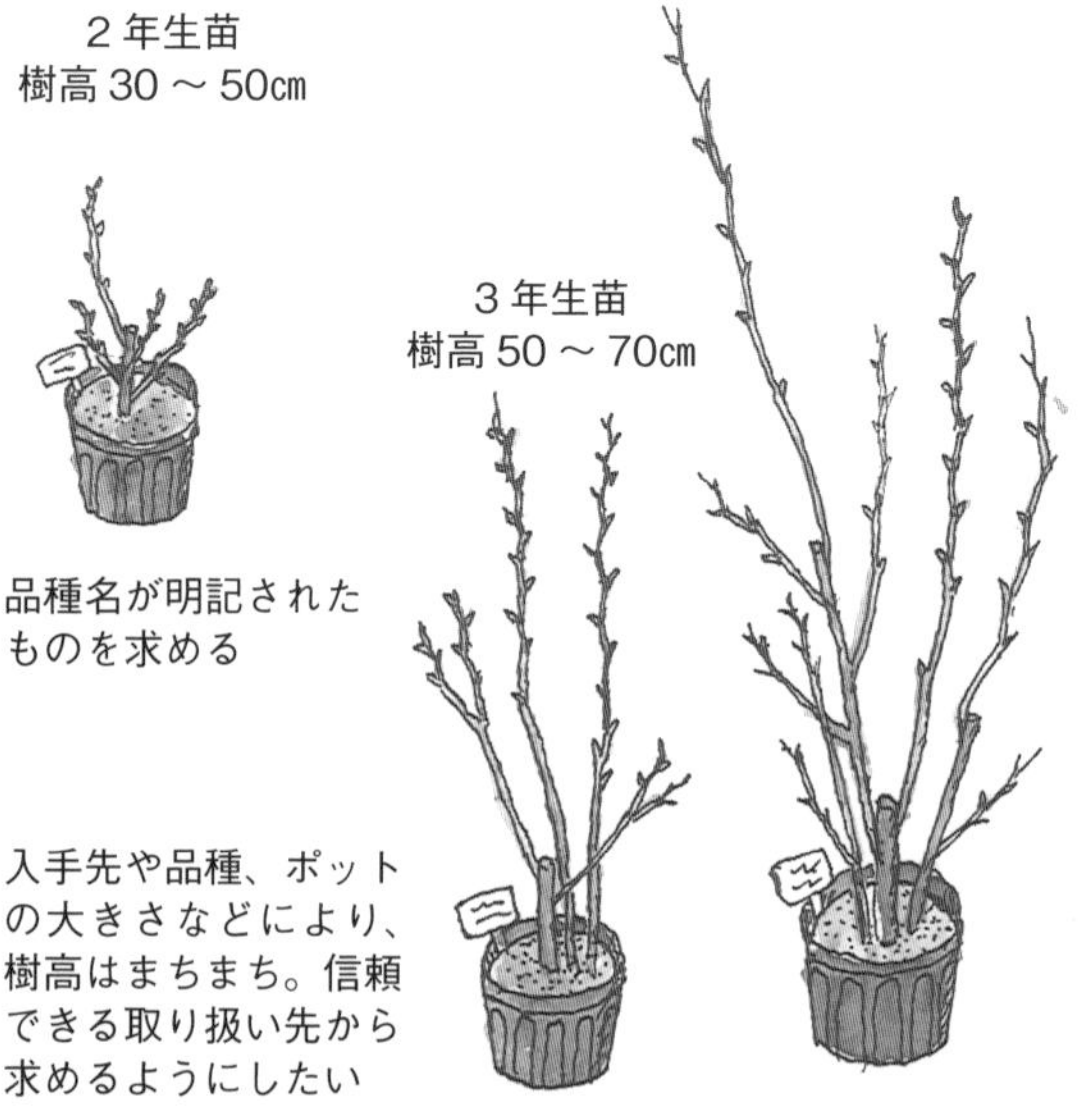

2年生苗
樹高30～50㎝
3年生苗
樹高50～70㎝
品種名が明記されたものを求める
入手先や品種、ポットの大きさなどにより、樹高はまちまち。信頼できる取り扱い先から求めるようにしたい

挿し木繁殖苗を鉢上げ後1年間養成した2年生苗で、4～5号鉢に植えられています。一般的に30～50㎝前後の樹高で、繁殖時の挿し穂が明瞭で、挿し穂から1～数本の太い枝が伸長しています。さらにその太い枝から、長さが5～15㎝の枝が数本伸長し、枝の先端には花芽が着いている状態です。

また、3年生苗は樹高が50～70㎝あり、春先から初夏にかけては花芽が着いたり果実がなったりしている大苗が出回っていることもあります。

なお、1年生苗は挿し木後1年の幼い苗木で、一定量の収穫ができるまでには数年を要します。

適切な苗木の求め方

入手先

苗木は苗木業者、種苗会社、JA（農業協同組合）や道の駅などの農産物直売所、園芸店、ホームセンターなどで1年じゅう求められます。

また、インターネットやカタログによる通信販売でもいろいろな種類、樹齢の苗木を購入できます。

なるべくなら落葉前の秋あるいは萌芽前の春に、供給・取扱先を訪ねたりして枝の長さや太さ、勢い、根の張りぐあいなどを直接、自分の目で確かめて入手することをおすすめします。

求め方

苗木は、品種名が正しいことが第一

であり、病気に冒されていたり、害虫が寄生したりしていないことが重要です。そのうえで、できるだけ次の条件を満たしているものを選びます。

●品種名がラベルやタグ（下げ札）にはっきりと示されている。

●株元（挿し木時の穂木も含む）から、数本の旺盛な枝が伸長している。

●新梢（落葉期には1年生枝）は太くて、長さが10cm以上のものが多数あり、枝の上部節には花芽（丸い形をしている）が着いている。できたら鉢から根部を引き抜いて見て、根まわりがよいことがわかるもの。

仮植え（仮伏せ）

すぐに植えられないときは、ポット苗のまま水やり管理を続けます。しかし、通信販売などで購入した苗木（裸苗など）をしばらく植えられないときは、梱包を解いて2～3時間水につけて十分に吸水させます。

その後、土に埋めて仮植え（仮伏せ）をし、根と土が密着するように水を与えておけばよいでしょう。

同じ系統の混植が必須

同じ種や系統（タイプ）で、互いに受粉できる2品種以上入手します。系統はノーザンハイブッシュ同士、サザンハイブッシュ同士、ラビットアイ同士の品種を組み合わせます。

ブルーベリーの多くの品種は、自家結実性が劣る（同一品種の受粉では、結実率が低い）ので、異なる品種を別々の鉢で育て、自然の訪花昆虫による他家受粉を促す必要があるからです（**表2―3**）。

ラビットアイは、自家受粉では結実しないので他品種との混植が必要です。ハイブッシュは自家受粉で結実する場合もありますが、他家受粉のほうが大きなりっぱな果実になります。

ハチやアブが複数品種を交互に訪花することにより結実するので、ブルーベリー園では同じ種、系統の最低2品種以上の混植が必須です。

表２－３　系統別の組み合わせと結実率の例

系統	ノーザンハイブッシュ	サザンハイブッシュ	ラビットアイ
ノーザンハイブッシュ	◎（80％以上）		
サザンハイブッシュ	◎（70％以上）	○（50％以上）	
ラビットアイ	△（40％以上）	×（20％以上）	◎（80％以上）

注：『家庭でできるおいしいブルーベリー栽培12か月』荻原勲著（家の光協会）

苗木の植えつけのポイント

植えつけの適期と準備

植えつけの適期

通常、植えつけには秋植えと春植えがあり、どちらが適しているかは地域によって異なります。

秋植え

秋植えは、休眠期に入った紅葉期の後半から落葉期の初期の期間に植えつけます。寒冷地では冬の寒さで根が凍害を受けて枯れ込むことがあるので、冬季が比較的温暖な地方に適しています（関東南部では11月後半から12月中旬がよい）。

秋植えは一般的に根の活着が早く（新しい鉢用土になじむ）、新根の発生がよいとされています。

春植え

春植えは、冬の低温が厳しく、土壌が凍結する寒冷地や積雪が少なく乾燥する地域に適しています。すなわち、春植えは、植え傷みの危険性が少なくなった時期に行う植えつけで、関東南部では3月上旬～中旬がすすめられます。春植えでは、根が活着する前に開花が始まり、新梢が伸長しますから、新根の発生は、秋植えと比較して少し遅れるように観察されます。

植え穴の準備

植え穴を掘る

まず、植え穴の準備です。植え穴づくりのポイントを述べます。

- ●植栽密度を考慮し、先に述べたとおり系統などによる株間、列間を確保する
- ●植え穴は深さ40～50cm、幅60～80cmくらいに掘る
- ●その穴に、掘り上げた土とピートモス50ℓ、腐葉土など50～70ℓをよく混合して埋め戻す。植え穴に肥料は施さない。埋め戻す際、20cmくらい山盛りして高くする

植え穴の準備を終えてから一雨あり、穴が落ち着くのを待ってから植えつけます**（図2―2）**。

木材チップの注意点

木材チップの場合、1mほどに積み上げるとしばらくの間、発酵熱が出て地温が60～70℃になります。すぐには植えられません。そのまま自然に半年ぐらい放置すれば、発酵熱も30℃前後に下がるので植えつけが可能になります。

図2－2　苗木の植えつけ方の手順

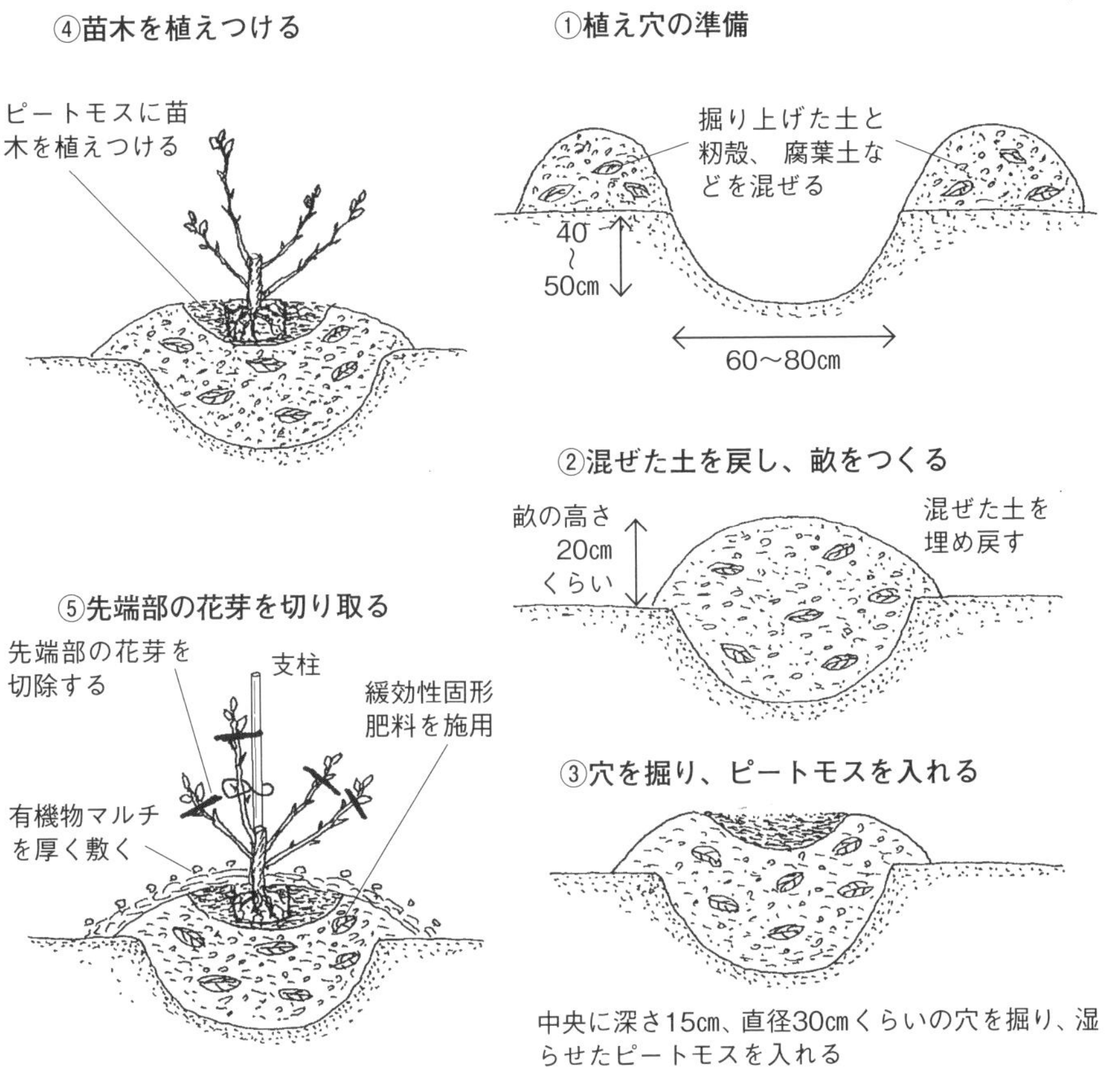

④苗木を植えつける
ピートモスに苗木を植えつける
①植え穴の準備
掘り上げた土と籾殻、腐葉土などを混ぜる
40～50cm
60～80cm
②混ぜた土を戻し、畝をつくる
畝の高さ20cmくらい
混ぜた土を埋め戻す
⑤先端部の花芽を切り取る
先端部の花芽を切除する
支柱
緩効性固形肥料を施用
有機物マルチを厚く敷く
③穴を掘り、ピートモスを入れる
中央に深さ15cm、直径30cmくらいの穴を掘り、湿らせたピートモスを入れる

その間に中性の木材チップを酸性化しておきます。酸性に矯正すれば、必ずしもピートモスでなくても植えつけは可能で、ブルーベリーは順調に生育します。

植えつけ方の基本

植えつけの手順

植えつけの手順を述べます。

①高くした植え穴の中心を、深さ10cmくらいまで掘る。苗の根鉢《ねばち》（鉢の中でいっぱいになった根とそのまわりについている土）を割ってよくほぐし、根を広げる

②ほぐした根を苗の地際から2cm（平手の厚さ）ほど深めに植えつけ、直径50cmの大きさで外周を3cmくらい高い水盤状にする

③そこに、バケツ1杯分（7～10ℓ）灌水する

④苗木の浮き上がりを防ぐため、株の周囲の土を手で強めに押し固める

植えつけ時の根の深さが、根の活着に大きく影響します。とくに大勢で作業した場合に個人差が出て、浅植え、あるいは深植えの状態が多く見られます。植えつけ1年後に成長が悪くなる樹は、ほとんどがどちらかの植えつけ方による場合で、深植えでは根が酸素不足になり、一方、鉢用土の表面が見えるほどの浅植えでは根が乾燥しやすいからです。

植えつけの実際例

ここでは、植えつけの作業例を紹介します。保水性、通気性・通水性が比較的良い黒ボク土などの場合です。

まず、直径60cm、深さ40cmの植え穴を掘ります。別に、バケツに酸性のピートモスを入れ、水を加えてよく混ぜ合わせておきます。そのピートモスを、植え穴に3分の2ほど入れ、土とピートモスを混ぜておきます。

鉢から抜いた苗の根鉢はほぐし、新しい根が出やすいようにして植え穴の中央に置きます。根の周囲に、ピートモスを表面まで入れて植えつけは完了です。排水の悪い粘質土壌の場合、植え穴は比較的浅くし、高畝にしてから植えつけます。

植えつけ後は、土の表面にマルチをして乾燥を防ぎます。マルチ材料には有機物の籾殻、木材チップ、人工的なポリエチレン製品などがあります。

植えつけ直後の管理

植えつけ直後には、次のような作業があります。

①支柱を立て、風揺れを防ぐ

②株まわりにボカシ肥料（有機質資材を混ぜて発酵させた肥料）を施す

③掘った植え穴の地表面にバーク（木の皮）や木材チップなどを10～15cmの厚さにマルチする

樹冠下には10～15cmの厚さにバーク、木材チップなどをマルチする

④花芽（房）はすべて取り除く。弱々しい枝、細い枝は基部から切除する

春季になると、ブルーベリー樹は休眠期から成長期に移行します。花芽や葉芽が萌芽（発芽）します。タイプおよび品種によって多少の遅速はありますが、花芽は萌芽して開花し、次いで受粉、受精、結実、果実の肥大と、春季の期間中大きく変化しています。

葉芽は発芽して春枝（多くの枝は春枝。一部は徒長枝、強い発育枝になる）になり、旬の進行とともに長くなり、葉数を増していきます。

〈黒ボク土への植えつけの例〉

❶穴を掘る

❷ピートモスに水を吸わす

❸よく混ぜ合わせ水を吸わす

❹ピートモスを穴に入れる

❺土と混ぜ合わせる

❻苗の根鉢をほぐす

❼中央に植えつける

❽周囲を軽く押さえる

❾ボカシ肥料を二握りほどまわりにまく

❿バーク、木材チップを表面にマルチする

樹の構成と剪定の目的・種類

樹の構成と枝の種類

樹の構成

ブルーベリー樹は、大きくは、地上部（樹冠）、クラウン（根冠）、地下部（根部）に分けられます**（図2―3）**。

樹冠（地上部）

樹冠は、各種の枝が縦と横に伸長して樹（地上部）を形づくっている範囲です。真上から見れば円形ですが、側面から見ると直立、開張、中位（斜め上）に見えます。

樹冠の縦径は樹高であり、樹冠の横幅は樹の直径となります。

クラウン（根冠）

クラウン（根冠）は、根が主軸枝に移行する集合部分です。クラウンの大きさは、一般に樹齢で異なり、幼木で小さく、成木では大きくなります。

根（地下部）

ブルーベリーは、代表的な繊維根（ひげ根）の果樹です。栽培上は、根の太さから細根と太根に区分されています。

枝の種類と性質

枝の種類は主軸枝、旧枝、新梢、発育枝、徒長枝に区分されます。

勢いの強い徒長枝

主軸枝　根冠から発生した旺盛な枝で、株の骨格となる中心的な枝。旧枝を伴う。

発育枝　根冠や主軸枝の基部から発生し、将来主軸枝となる枝。

徒長枝　主軸枝と旧枝から伸長する勢いの強い枝。発生位置によっては、主軸枝や旧枝と置き換えることが可能。普通栽培では多くは花芽が着きにくく、樹形を乱し、込み入った枝になることが多い。

旧枝　枝齢が3年以上で直接、花芽を着けない枝。

前年枝（1年生枝）　前年に伸長した枝で、冬の1～2月に観察すると、通常、枝の上部節に花芽を着けている。すなわち、果実を着ける枝（結果枝＝シュート）。

新梢（当年枝）　休眠期には見られなく（葉芽として着生）、春になって発芽、伸長してくる枝。新梢は、春、夏、秋に発生する。

図2－3　成木の樹形と部位名称

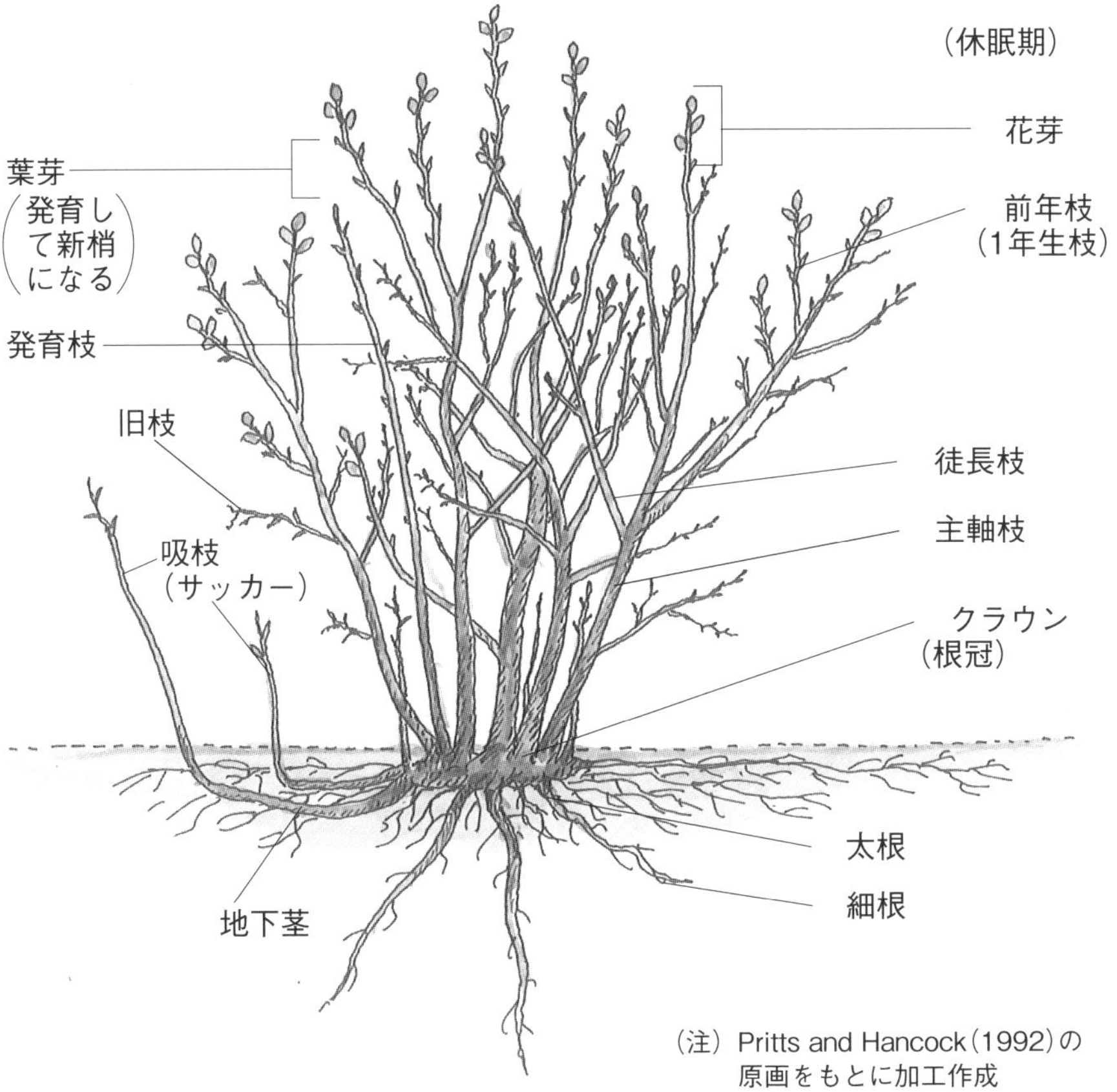

（注）Pritts and Hancock（1992）の原画をもとに加工作成

吸枝（サッカー）　地表下数cmの深さを横に伸長し、株元から50cm以上も離れたところから地上茎になる枝。

枝の特徴

主軸枝、発育枝、徒長枝や旧枝は、枝齢が5～6年になるとしだいに枝の勢力が弱まります。したがって樹勢も弱まるため、大きくておいしい果実の安定生産は難しくなります。

普通栽培では、樹勢を回復させるために、これらの枝は5～6年ごとに更新剪定しています。

剪定の目的・種類

剪定の目的

剪定の目的と効果は、次のように要約できます。

・骨格となる主軸枝の育成をはかりながら、樹冠を一定の高さの樹形に調整できる。樹高を１８０cmくらいにすると、収穫能率が向上する。

・樹冠内部で混雑している枝を切除することで、樹冠内部まで日光が投射し、通風が良くなり、病害虫の発生が少なくなる。

・結果過多の防止。枝の切除によって収量は少なくなるが、１果実重が増す。結果過多の樹は、根の成長が抑制され、経済樹齢が短くなる。

・栄養成長と生殖成長の均衡を維持して、安定した果実生産をもたらす。また、樹の成長を調節して、経済樹齢を延長できる。

基本の剪定ばさみと剪定のこぎり

剪定の種類

剪定には、切除する枝の位置、時期、その程度（強弱）に応じて種類があります。

枝の位置による剪定

図２－４　間引き剪定と切り返し剪定

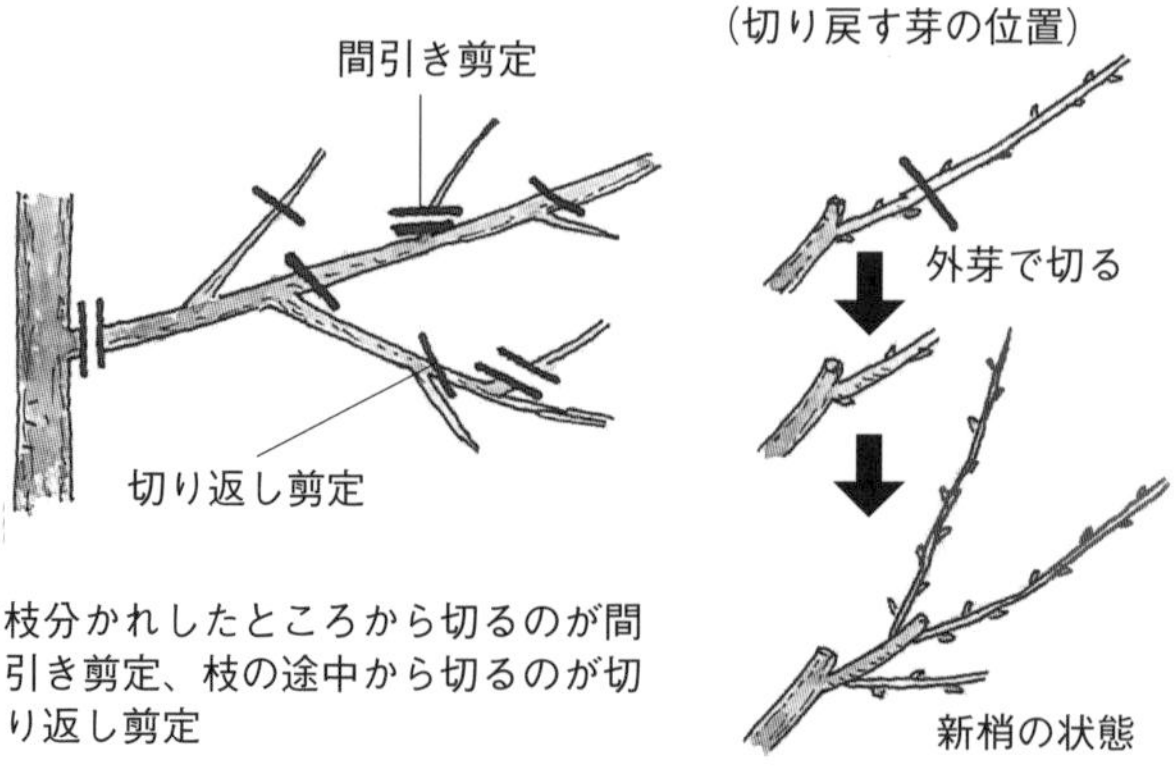

枝分かれしたところから切るのが間引き剪定、枝の途中から切るのが切り返し剪定

切り返し（切り戻し）剪定　枝の途中から切除して新梢の発生を促す剪定で、旧枝や前年枝、徒長枝などが対象です（**図２―４**）。

間引き剪定　枝の発生基部から先の枝全体を切除する方法で、主軸枝の更新、主軸枝上の旧枝、旧枝上の前年枝、徒長枝などを切除する場合に行います。この場合、枝は切り残しがないように基部から切り落とします。切り残し部分があるとそこから望ましくない新梢が発生し、枝が込み合った状態になります。

時期による剪定

冬季剪定　休眠期間中（冬）に行うもので、ブルーベリー栽培では中心となる剪定法です。関東南部では、通常、２月から３月中旬に行います。この時期になると、晩秋までに生産された炭水化物が枝や根に転流し、貯蔵される期間も十分あります。また、秋か

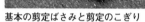

冬季剪定前の樹姿　　剪定後の樹姿

ら冬の間に障害を受けた枝の確認が容易になるからです。

夏季剪定　夏季剪定は、収穫期が終了した8月下旬から9月上旬（関東南部）に、旺盛に伸長して樹形を乱している徒長枝を切り返す剪定法です。ヘッジング（刈り込み）、トッピング（摘心、心抜き）とも呼ばれます。

夏季剪定は、タイプによって重要性が異なります。徒長枝の伸長が盛んなラビットアイでは重要で、とくに「ティフブルー」には必要です。しかし、ノーザンハイブッシュ、サザンハイブッシュ、ハーフハイハイブッシュでは、ラビットアイに比べて徒長枝の発生が少なく、また長く伸長しないため、通常、夏季剪定は行いません。

強弱による剪定

弱剪定　剪定の強弱の程度からの比較で、切除する枝の量が少ない剪定です。切り返し剪定では残る枝の葉芽数が多くなり、間引き剪定では除去する枝が少なくなります。

このため、弱剪定では剪定後も枝が込み合い、弱々しい枝や短い枝の発生が多くなるので、翌年、果実生産の中心となる太くて長い新梢の発生が不足します。

強剪定　切除する枝の量が多い剪定です。弱剪定の場合とは逆に、徒長枝の発生が多くなります。このため、翌年十分な収量をあげるためには、ふたたび強い剪定が必要となります。すなわち、一度強剪定をすると、毎年強剪定しなければなりません。

一般に、強剪定では収量が少なくなり、一果実重は大きくなります。

中位の剪定　切除する枝の量が、中位で望ましい剪定の程度です。毎年、果実生産（生殖成長）と新梢伸長（栄養成長）の均衡がとれた状態を維持できます。

剪定枝と樹齢による剪定

剪定対象の枝

ブルーベリー樹の剪定では、具体的に次のような枝を切除します。なお、（ ）内は剪定の時期と種類を指します。

●病気や害虫の被害枝。季節にかかわらず切除（年間、間引き剪定）

●気象災害で障害を受けた枝。できるだけ早期に切除する（年間、切り返し剪定、間引き剪定）

短い着花枝を切り落とす

●開花、結実している枝でも着葉していない枝。摘花（果）房を兼ねて枝の発生基部から切除する（間引き剪定）

●8月下旬になって、1m以上も伸びている徒長枝は、先端部から3分の1の位置で切り返す（夏季剪定、切り返し剪定。とくにラビットアイの「ティフブルー」では必要）。そうすることで、残した枝の上部節や新しく伸長した秋枝に花芽が着き、翌年の春には、強い徒長的な新梢の発生が抑えられる

●鉢の地面につくように下垂している枝（下垂枝）、株元から横に伸長して弱い枝（冬季剪定、間引き剪定）

枝を途中で切る切り返し剪定。新梢伸長が盛んになる

●弱々しい枝、5cm以下の短い枝（冬季剪定、間引き剪定）

●樹冠内部で交差している枝（交差枝）、重なり合って混雑している枝（冬季剪定、間引き剪定）

●伸長後5～6年経過した主軸枝を更新し、また弱い主軸枝は間引く（冬季剪定）。主軸枝が古くなると枝の勢力が衰え、新梢伸長が弱まり、良品質の果実の収穫が難しくなる

樹齢による剪定

剪定の主目的は樹勢を若返らせて、良果をたくさんならせることです。

もっとも幼木・若木期と成木期とでは、いくぶん剪定の目的が異なります**（図2—5）**。

幼木期から若木期前半まで

苗木の植えつけから3～4年後頃ま

図2－5　樹齢に合わせた剪定例

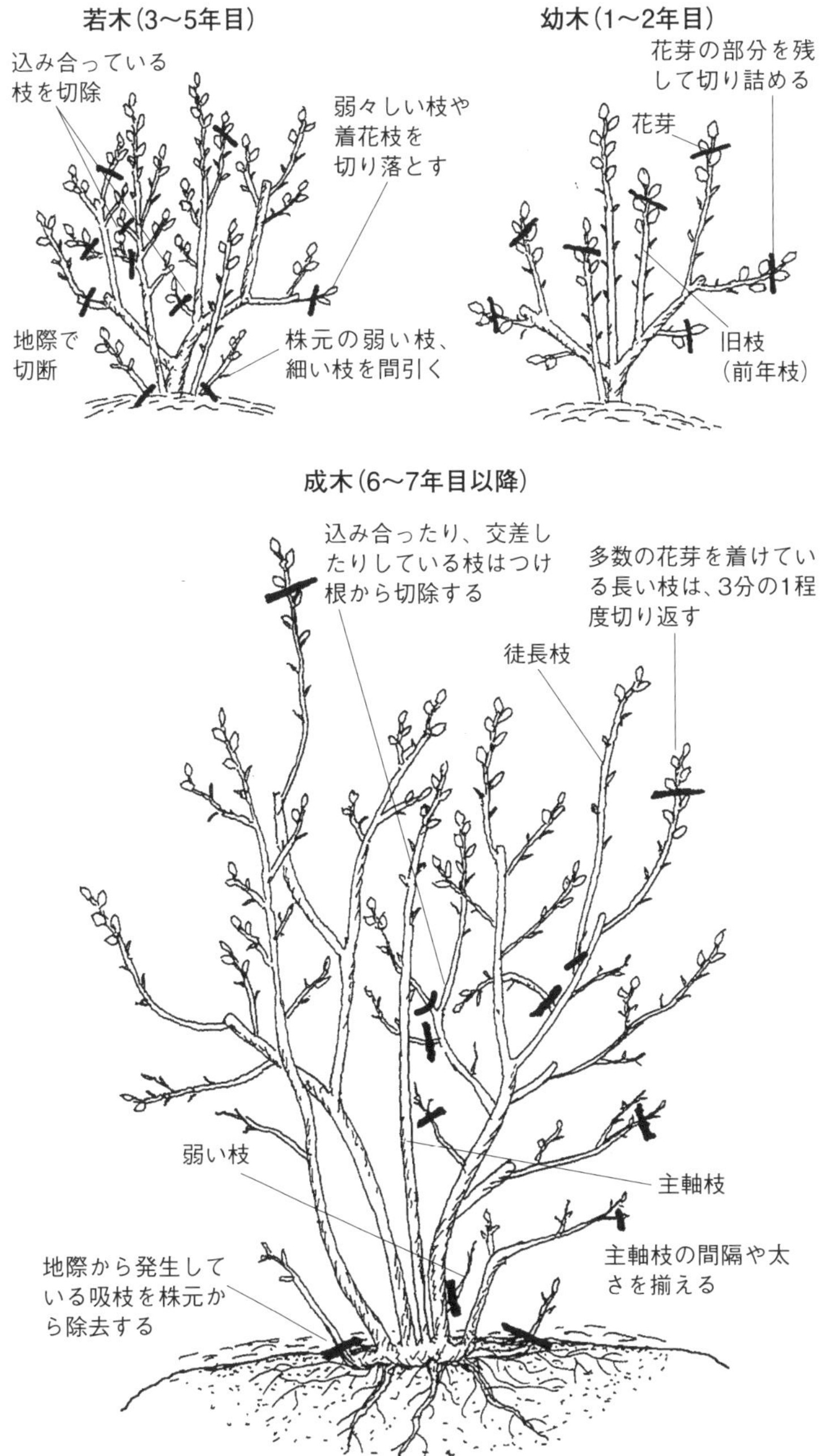
若木(3～5年目)
込み合っている
枝を切除
弱々しい枝や
着花枝を
切り落とす
地際で
切断
株元の弱い枝、
細い枝を間引く
幼木(1～2年目)
花芽の部分を残
して切り詰める
花芽
旧枝
(前年枝)
成木(6～7年目以降)
込み合ったり、交差し
たりしている枝はつけ
根から切除する
多数の花芽を着けてい
る長い枝は、3分の1程
度切り返す
徒長枝
弱い枝
主軸枝
主軸枝の間隔や太
さを揃える
地際から発生して
いる吸枝を株元か
ら除去する

での剪定は、樹冠の骨格をつくる旺盛な新梢の伸長を促すために行います。すなわち、細かい剪定は必要なく、強い発育枝を伸長させ、また、徒長枝はそのまま伸長させ、できるだけ短年月で樹形の拡大をはかります。

結実との関係で見ると、植えつけ1～2年間は花芽をすべて除去して、結実させません。そのほかに除去する枝は、細くて弱い枝や下垂枝とします。植えつけ3年目になったら、1樹に100～300gの範囲内で結実させてもよいでしょう。

若木期後半から成木期まで

若木期の後半から成木期の剪定は、次のような作業を含み、目的を持っています。

①樹形を乱すように伸長している枝を切除する。その結果、樹高、樹冠の大きさを調節できる

②樹冠内部で混雑している各種の枝を切除する。そうすることで樹冠内部に日光が投射し、通風も良くなり、病害虫の発生も少なくなる

③枝を切除することで結果過多を調整できる。その結果、果実の大きさ、品質が高まる

④毎年剪定して、栄養成長（枝の成長）と生殖成長（花芽の着生結実など）との均衡を、長年、保持する

⑤収穫作業を容易にする

系統別・生育段階ごとの剪定

ノーザンハイブッシュの剪定

植えつけ後2年間の剪定

新梢と根の成長を促すため、花芽（房）は除去して結実させません。また、地面に着くように樹冠の低い位置から伸長している枝は、間引きます。一方、株元から発生している太くて旺盛な枝（発育枝）は、将来の主軸枝とするため大切に育てます。望ましい樹勢は、樹高が1年間で30〜40cm伸びる程度です。

切り返し剪定

植えつけ後3年目の剪定

植えつけ後3年目になると、樹高は80〜１００cm以上になり、多数の新梢が伸長して、樹冠幅はおよそ１００cmになります。

この場合でも、勢力が中位から強い枝（1年生枝）のみに結果させ、他の枝の花芽（房）は摘み取って結果させません。1樹当たりの収量は、３００〜５００gにとどめます。

勢力が旺盛な発育枝が、株元から2本以上伸長している樹では、最も強いものを2本残し、他のものは間引きます。また、枝の途中から伸長している新梢（側枝）のない徒長枝は、側枝の

発生を促すために、地面から80～100㎝の高さで切り返します。

植えつけ後4年目の剪定

4年目には、樹高は120㎝くらいになり、主軸枝が5～6本ある状態が望ましい樹形です。植えつけ4年目の剪定のポイントは次のとおりです。

●樹冠の内部で混んでいる徒長枝は間引く

●樹冠内部まで日光が投射され、通風が良くなり、諸管理に便利なように、内向枝（樹冠内部に向かって伸長している枝）、下垂枝、吸枝は間引く

剪定前のノーザンハイブッシュ

剪定後のノーザンハイブッシュ

●徒長枝は先端から4分の1～2分の1のところで切り返し、翌年、花芽を着ける太い側枝の発生を促す

植えつけ後5～6年目の剪定

5～6年目の冬季には、通常、樹高は1・5m以上に達します。そのような樹での剪定のポイントは、植えつけ後4年目とほとんど同じです。

●樹冠の高さは1・5～1・8mが望ましい。樹冠から長く突き出ている枝（主として徒長枝）は、切り返す

●6年目には、主軸枝の更新が必要となる。古い主軸枝の1～3本を地面に近いところで切り返し、新しい発育枝を伸長させる

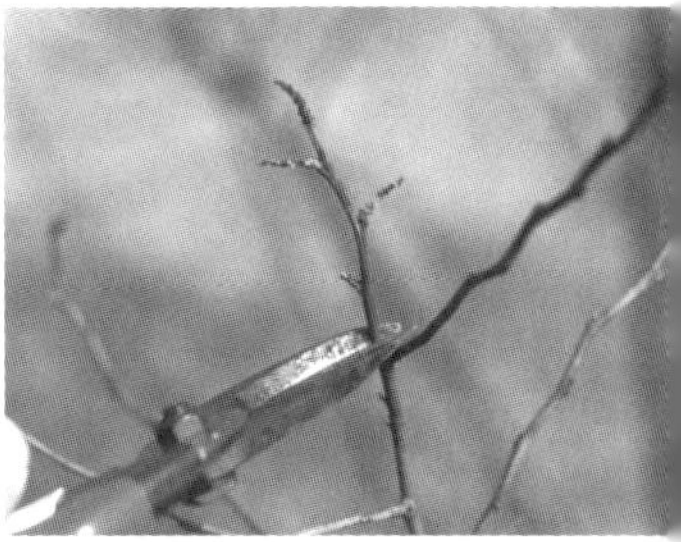
前年の結果枝を切除

強過ぎる枝を切る

同一方向の枝を切除

成木期の剪定

植えつけ6～8年後から20～25年後までの長い年月、収量が十分で、大きくて、良品質の果実を安定的に生産するための剪定です。そのためには、中

心となる主軸枝を、安定的に維持、更新する管理が重要です。

なお、成木時代の果実収量は、品種や栽培管理によって異なりますが、1樹当たり3～5kgを目安とします。

●多数の花芽を着けている50cm以上の長い枝では、5～7花房を残して切り返す

●主軸枝は8～10本とする

主軸枝の数は、品種、土壌条件、栽培管理により異なりますが、8～10本が望ましく、それ以上では主軸枝間に競合が起こり、収量が劣ります。これは、主軸枝の齢によって新梢の発生が異なるからです。通常、2年生、3年生の主軸枝からは太い新梢が多く発生し、その新梢には多数の花芽が着生し、さらに果実の肥大も良くなります。

主軸枝を間引く

●主軸枝を更新する

5年以上経った主軸枝、その主軸枝から発生して4～5年経過した旧枝は、枝齢が増すとともに勢力が弱まります。また、その旧枝から伸長した新梢は細くて弱く、枝数と花芽数が少なくなり、果実も小さくなります。

主軸枝の更新を適切に行うためには、毎年2本以上の主軸枝候補になる発育枝を発生させる必要があります。例えば、10本の主軸枝がある樹の場合、毎年、古い順に2本ずつ更新すると(20%の更新)、5年で終了します。

樹勢が悪くなった成木では、樹勢回復のためには、主軸枝を40%まで間引き(強剪定)ます。しかし、それ以上間引くと、栄養成長と生殖成長との均衡が大きく崩れ、目的とする収量は期待できなくなります。

サザンハイブッシュの剪定

近年、世界的なサザンハイブッシュの栽培、普及とともに樹の特性が明らかになり、望ましい樹形とともに剪定法が確立されています。

一般に望ましい樹形は、主軸枝を4～6本(ノーザンハイブッシュよりも少ない)とした直立型で、中心部が空いたカップ状です。

若木期の剪定

まず、枝葉の成長を促進させるため、植えつけ後2年間は結果させず、3年目から結果させます。植えつけ3～4年後は、樹の3分の1から4分の1量を切除する強剪定により枝葉の成長をはかりながら、望ましい樹形に近づけます。

剪定の程度は、次のようにします。

●2～4本の主軸枝を残し、樹冠内部で込み合っている枝、下垂枝、弱い枝、細い枝はすべて切除する

●花芽が多く着生し、また結果過多の1年生枝は間引く

●樹勢が弱い樹は、旺盛な樹よりも強く剪定する

●「ミスティ」のように結果過多になる品種は、樹勢の衰弱を防ぐため強く剪定する

剪定前のサザンハイブッシュ

剪定後のサザンハイブッシュ

成木期の剪定

品種、場所によって多少の違いがありますが、サザンハイブッシュは通常、6～7年で成木期に達します。

成木樹では、樹形を保持するため強めに剪定し、樹冠の中心部が空いたカップ状の樹形にします。この場合、とくに主軸枝の更新が重要で、3～4年ごとに更新します。また、新しい主軸枝を発生させるため、毎年、1～2本を地際から間引きます。

サザンハイブッシュは、全体的に結果過多になる傾向が強いため、短くて細い枝には結実させないよう、剪定に加えて開花期間中に摘花（果）房も行います。

主軸枝を剪定し、整理する

ラビットアイの剪定

剪定を開始する樹齢

適切な条件下で栽培されているラビットアイ樹は、多くの品種では、植えつけ後5～7年を経て、樹高が180

～240cmに達するまで剪定しなくてもよいとされています。この年数は、樹の一生から見ると、若木時代の後半から成木時代の初期にあたります。

しかし、「アリスブルー」、「ベッキーブルー」、「ティフブルー」の3品種は、樹勢が強いため、植えつけ3～4年後から剪定することがすすめられています。

樹高、樹形の管理

ラビットアイの5～7年生樹では樹高が180～240cmにもなり、樹冠幅は3mを超えます。これ以上になると樹冠内部が混雑し、収穫作業や各種管理作業に支障をきたし、さらに長年にわたる良品質の安定的な生産が難しくなるため、枝の整理が必要です。

剪定前のラビットアイ

剪定後のラビットアイ

- ●樹高は180～220cm、樹冠幅は300cm以内に制限する
- ●樹冠から長く飛び出ている枝は、切除する
- ●樹冠内部の徒長枝は、先端から2分の1～4分の1のところで切除する
- ●吸枝（サッカー）は切除する
- ●地面に着くように下垂している枝は切除する

古くなり、結果しない枝の切除

枝齢が4～5年経過している旧枝は、急激に勢力が弱くなります。そこで、旧枝の途中から比較的強い1年生枝が伸長している場合はその芽の上部から、強い枝が伸長していない場合は、旧枝の基部から切除します。そのほか、樹間内部で枯れている枝、障害のある枝、病害虫の被害枝は切除します。

主軸枝の更新

5～7年生樹では、主軸枝は、通常10本以上伸長しています。そこで、6～7年以上経った主軸枝は切除して、最終的に8～10本とします。すなわち、古い順に主軸枝2～3本を、地面から20～30cmのところで切り返し、新しい発育枝を伸長させる剪定を毎年繰り返し行います。

成木期の剪定

ラビットアイは、ノーザンハイブッシュと比べて樹勢が旺盛なため、成木

２年目の着花枝を切除

樹形を乱す強い立ち枝を切る

成木の株元を整理（間引き）

上部の枝が込み合っている（若木）

の樹高は３ｍ、樹冠幅は３～３・５ｍにもなります。このため、成木期の剪定では、三つの視点を重視します。

①樹高、樹形の管理
②古くなり、結果しない枝（旧枝）の切除
③古い主軸枝の更新

なお、成木時代の果実収量は、品種や栽培管理によりますが、１樹当たり４～８kgを目安としています。

観光農園における剪定

ラビットアイの樹形は大型のため、アメリカの観光農園では、収穫期間中、顧客にとってより安全な状態で、楽しく摘み取りできる樹形管理が進められ、剪定上、考慮すべき点として次の四つがあげられています。

①摘み取りに邪魔になる枝は除去し、樹高は収穫がしやすいよう、高くても１８０～２１０cmとする
②樹形、樹冠を維持するために、主軸枝は活力が旺盛なものを５～10本とする
③樹齢が８年以上経った樹では、主軸枝全体の４分の１～５分の１を切除し、樹冠の空いたところに新しい主軸枝を伸長させ、毎年、順次更新する
④剪定の対象となる枝は、すべて切除する

剪定後、主軸枝が７～８本になる

夏季剪定

とくに「ティフブルー」に行われる剪定法です。「ティフブルー」は、他の品種と比べて旺盛な徒長枝（長い枝は２ｍにも及ぶ）が伸長するため、樹

形が乱れ、樹冠内部が混雑します。そこで、このような枝を、夏季（収穫期の終了後、関東南部では8月下旬〜9月上旬）、樹冠より上に飛び出している徒長枝の上部を2分の1〜3分の1切り返すのが夏季剪定です。

図2－6　ブルーベリー樹の更新方法
図の黒点は刈り込んだ主軸枝を示す

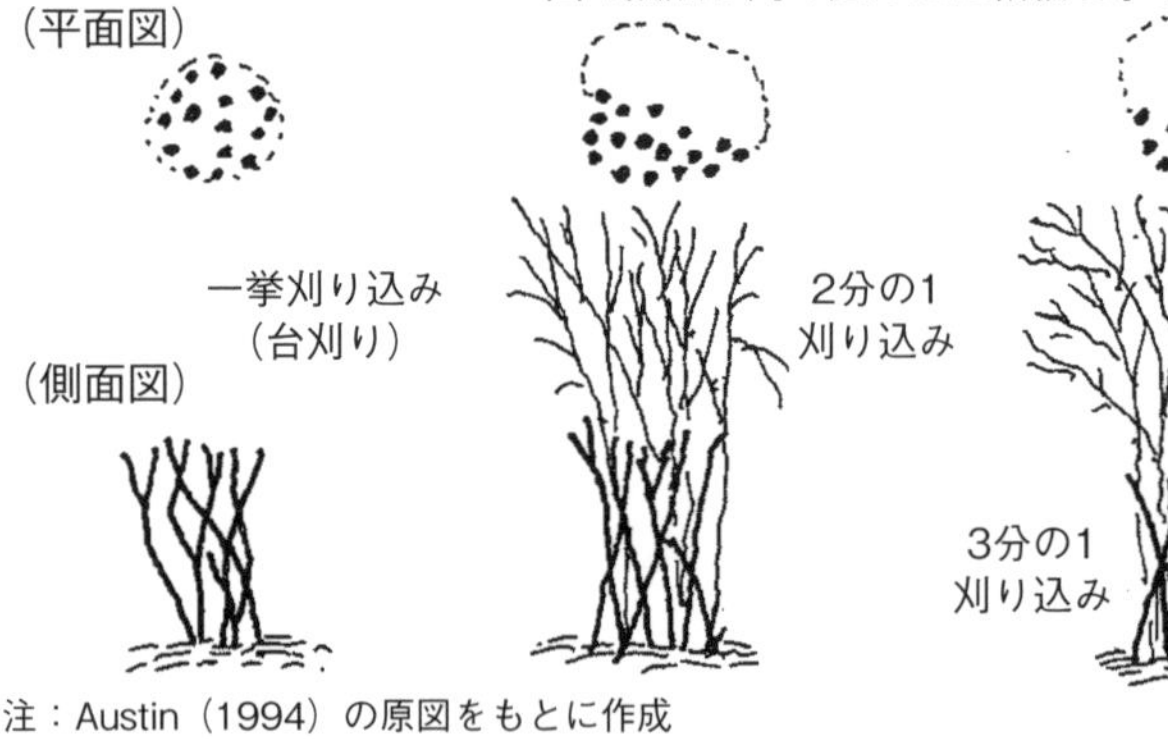

注：Austin（1994）の原図をもとに作成

　夏季剪定によって、残した徒長枝の先端に花芽が形成され、また、残した枝から新梢が伸長し（秋枝）、その枝にも花芽が着きます。一般的に、枝の先端（上部）に花芽が着生した枝は、翌年、新梢伸長が抑えられます。

　なお、旺盛な徒長枝を冬季剪定すると、春から夏にかけて、いっそう旺盛な徒長枝が伸長して、さらに樹形を乱すという悪循環を繰り返します。

老木の若返り（更新剪定）

　ブルーベリーの経済樹齢は、一般的に、25〜30年とされています。それ以降の樹齢に達した、いわゆる老木になると、新梢の発生が少なくなって樹勢の維持や良品質果実の生産が困難になり、しだいに経済性も悪くなります。

　老木は、更新剪定によって若返らせることができます（図2―6）。

老木に見られる状態

　個々の主軸枝は、定期的に更新しない場合、10〜15年以内に活力、生産力を失います。そのため、旺盛な発育枝の発生や太くて勢いのある新梢の伸長が少なくなります。また、樹齢とともに収量が減少し、果実は小さくなります。

　しかし、更新剪定で若返りをはかってよいのは、樹と果実形質がともに優れ、将来も市場の評価が高いと推察される品種に限るべきです。

更新剪定をしていない老木の主軸枝からは、勢いのある新梢の発生が少ない

一挙更新

この方法は更新剪定の一つで、冬季に、一樹のすべての主軸枝を一度に切り戻すものです。一般的に、ノーザンハイブッシュでは地上から10㎝前後で、ラビットアイでは20～30㎝の高さで切り戻します。

経済栽培の一挙更新の例。樹列ごとに一挙更新している

一挙更新（台刈り）

一挙更新樹の2年目の成長

一挙更新樹の発育枝の伸長。主軸枝1本当たり2本の発育枝とした

春になると、残した主軸枝から旺盛な新梢（発育枝）が多数発生します。夏（7月）には、発育枝間に枝の勢力、枝の方向、長さ、太さの違いがはっきり区別できます。その時期に、1本の主軸枝から外側に向かって伸長している、旺盛で、長くて太い枝（発育枝）2本を選抜して残し、他の枝は切除します。

残した発育枝は、支柱をして枝折れを防ぎ、大切に育てます。その発育枝から、2年目には春枝が多数伸長し、夏には花芽を着け、3年目には、大きな果実を収穫できるようになります。

実際、栽培園で更新剪定する場合、1年目は樹列上で1樹置き、あるいは1列置きに一挙更新し、次年に残りの樹または列を剪定すると、2年で全園の樹を更新できます。

徒長枝対策とアーチ仕立て

強過ぎる徒長枝対策

とくにラビットアイは、たくさんの徒長枝が毎年出ます。それを切ると翌年は反動で、また強い徒長枝が出ます。その繰り返しでも若返りはできます。それも一つの方法ですが、ちょっと無駄な悪循環ではと思うようになりました。

アーチ仕立て

徒長枝を切らない方法

そこで、その強い徒長枝を切らずに寝かせてみるとどうでしょう。結果ですが、翌年強い徒長枝はあまり出なくなりました。まったく徒長枝が出なくなるわけではなく、その数が減ります。樹勢が落ち着くのです。

さらに良いことがあります。寝かせた徒長枝からは、翌年にたくさんの小枝が出ます。長さは20～30㎝ですが、翌年に花芽がいっぱい着きます。要するに寝かせた2年目の徒長枝には果実がいっぱいなるのです。

寝かせた枝には多くの結果枝

鈴なり

徒長枝を寝かせているので、手を伸ばせば届く位置に果実がなり、収穫もしやすくなります。

このように栄養成長から生殖成長に切り替わることで、樹勢はおとなしくなり果実の収穫量が増えます。寝かせた徒長枝から上を向いていた小枝に結果した果実は、成熟するとともに重みで下に降りてきます。まさに鈴なり状態になります。

図2－7　アーチ仕立てのポイント（フクベリー）

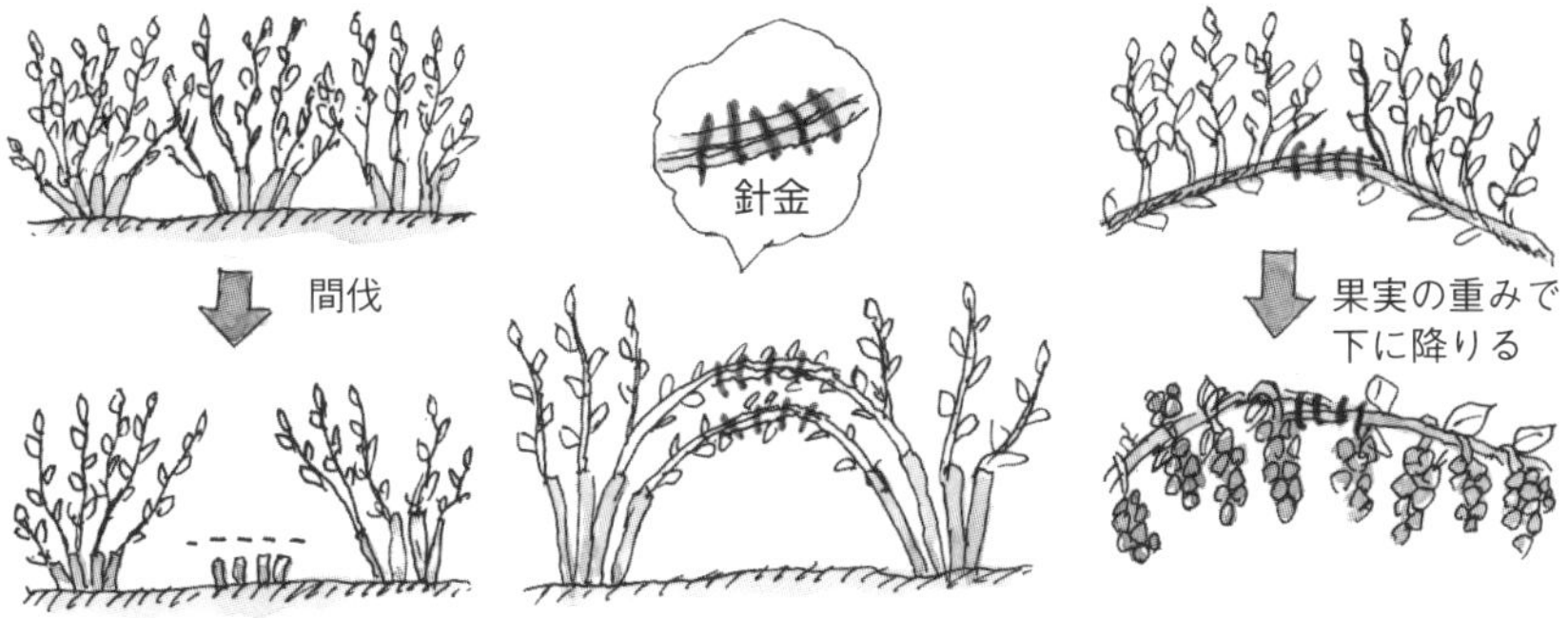

①株間を３ｍ　②針金で結ぶ　③鈴なり状態

更新して豊産を持続

今まで大量に剪定で切っていた徒長枝が少なくなり、切る枝の量も減ります。それでも徒長枝がまったく出ないわけではないので、寝かせていっぱい果実がなった徒長枝は1～2年でさらに新しい徒長枝を寝かせて更新させると、ずっと豊産状態を維持することができます。

アーチ仕立てのコツ

針金で枝と枝を結ぶ

果実が重みで下に垂れる

ラビットアイの推奨される株間は３ｍです。それはわかっていても実際に植えるときには、つい株間を狭くしてしまいがちです。

筆者もラビットアイの株間を当初１・５ｍで植えてしまいました。その後みるみる樹は成長し、数年で5月の終わり頃には株間や通路が枝で覆われるまでになりました。当然、地面への太陽光線透過もなくなります。上には

4m近くまで枝が伸びていました。切っても切っても、また翌年に枝が伸び放題でした。

間伐

これではいけないと思い、考えたのが一株ずつの間伐でした。「フクベリー」が2列植えてあるところを、順に間伐していきました（**図2―7**）。

間伐のときに、根の張り方などがよくわかりました。広く浅く張るブルーベリーの根ですが、全部を掘り上げることは不可能なので株まわり60㎝ぐらいで切りました。

間伐

当然、切り捨ててはもったいないので、間伐株は移植しました。根を切ったぶん、地上部もそれに比例して強剪定をしました。今では移植株も別の場所で根づいて生育しています。

徒長枝を寝かせる

間伐後4m近く伸びた徒長枝を見て、寝かせることを思いつきました。その方法は簡単です。隣り合った株から寝かせた徒長枝同士の先を結ぶのです。支柱を立てる必要もなく、自立したまま寝かせることができます。

熟した果実

枝と枝を結ぶのは太さ2㎜の盆栽用のアルミの針金です。10㎝ぐらいに切った針金は簡単に手で曲げることができ、2本の枝を束ねることができます。寝かせる枝の高さは180㎝前後にしました。

「フクベリー」は1列20本植えていましたが間伐後、1列10本に。その全部を結んで、まるで錦帯橋のようにアーチがつながりました。通路にも陽光がさすようになりました。

第3章

ブルーベリーの生育と栽培管理

ミツバチの働きで受粉

一年間の生育サイクルと作業暦

発芽・開花・結実期

ブルーベリーを観察していると、関東地方平地では1月まではじっとしていた花芽は、2～3月になると少しずつ動き始めます。

彼岸を過ぎる頃からは急速に花芽も葉芽も展開し始めます。サザンハイブッシュでは、3月中に開花が始まる品種もあります。4月にはほとんどの品種が開花します（図3―1）。

花芽が膨らみ始める

ミツバチ受粉

野生のハチやアブにより受粉が行われますが、ミツバチを飼えばより確実な受粉ができます。

観察して気づいたことは、野生のハチやアブは開花初期から訪花しますが、セイヨウミツバチは初期にはブルーベリーには訪花しません。毎年のことですが、開花後2週間ぐらいして、最初に咲いた花が散る頃になると、集中してブルーベリーに訪花します。ブルーベリーの花からその時期を知らせる誘引物質が出ているかのように感じます。それでも受粉効果は十分あるようです。

開花期の野鳥被害

開花時期には昆虫のほか、野鳥もやってきます。メジロは行儀よく花にくちばしを入れて蜜を吸うので受粉効果もあり歓迎されますが、ヒヨドリは蜜を吸うのが面倒になると、花ごと食べてしまいます。

これでは結実もできません。最近、増えている飼い鳥が野生化したワカケホンセイインコの群れがやってきて、枝ごと折って花を食べていたこともあります。防鳥網をかけたくなりますが、そこまでするほどの害にはなりません。

開花（つぼ形）

図3－1　ブルーベリー樹のライフサイクル

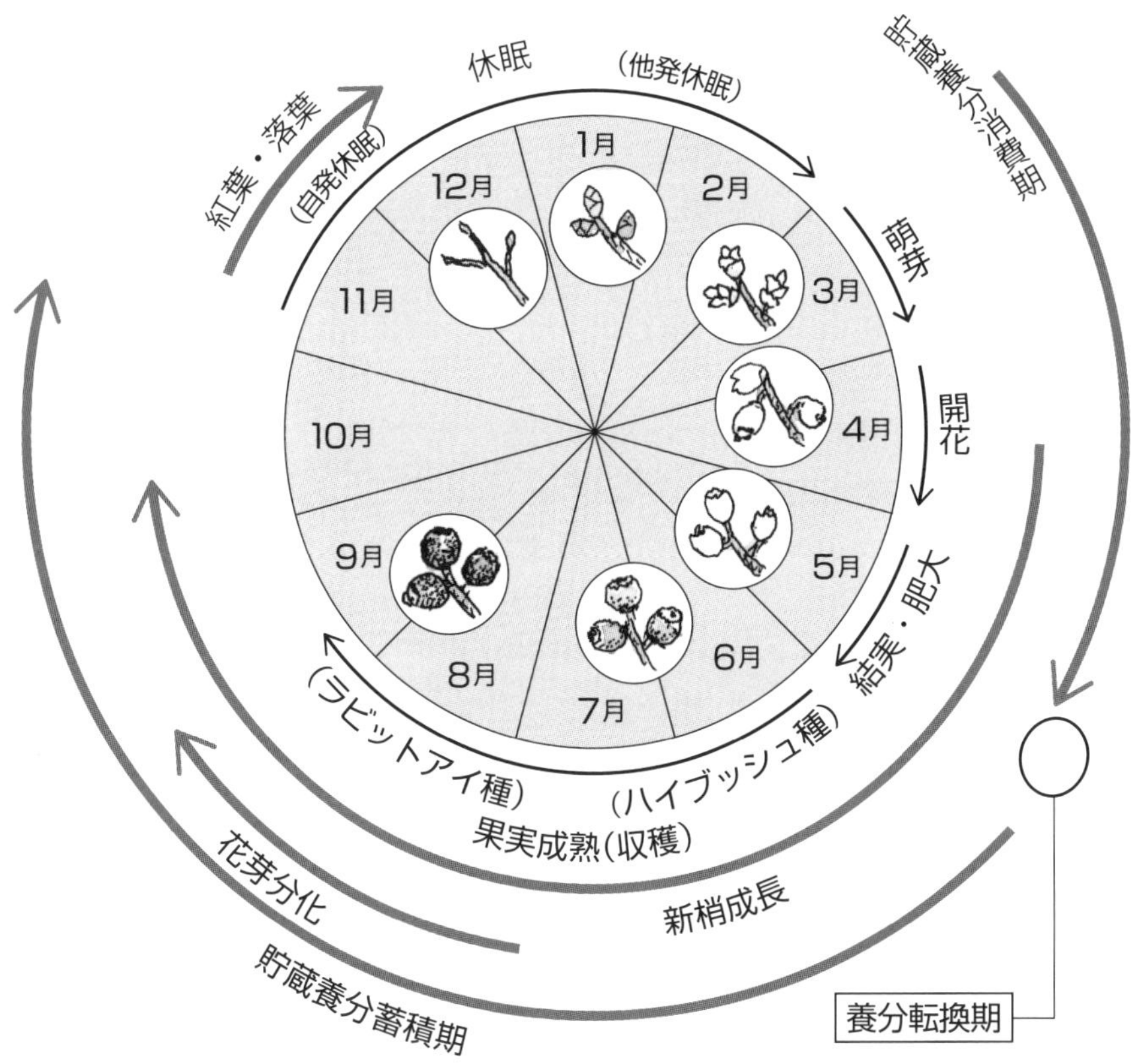

注：『家庭でできるおいしいブルーベリー栽培12か月』荻原勲著（家の光協会）改変

施肥

萌芽時期には、幼木の場合はボカシ肥料を株まわりに一握りやります。成木は草生法（果樹よりも根の浅い草を園内に生育させ、1年に数回刈り取り、刈り草により有機物の補給をはかる方法）で管理すれば、ほとんど施肥しなくても大丈夫です。ブルーベリーは多肥栽培にすると、花は咲いても結実しなくなる傾向があります。

以前、練馬区の摘み取り園でそのような例がありました。「春と秋にやっていた肥料をやめてみたら？」と助言したところ、翌年にはしっかり結実しました。

おいしいブルーベリーを収穫するには、化学肥料よりも有機質肥料のほうがおすすめです。

果実肥大・成熟期

1年の樹の生育過程、成長、および主要な管理)

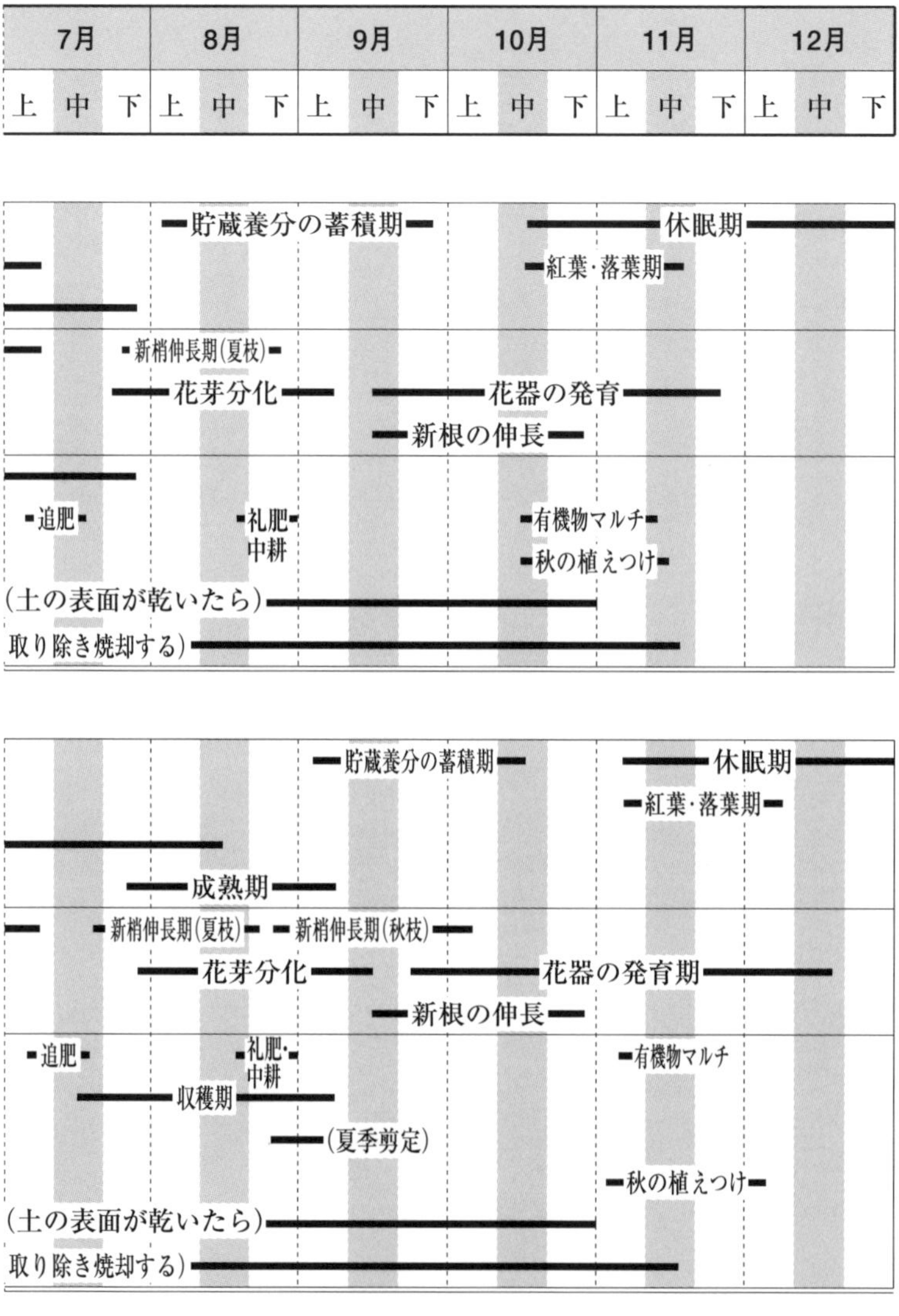

25.8	27.4	23.8	18.5	13.3	8.7
154	168	210	198	93	51

防鳥網を張る

5月に入ると花弁が落ち、受精した果実が上を向き、果実の肥大が始まります。ハイブッシュの早生品種は6月に入ると熟し始めます。

防鳥網を張る場合は、5月中に張るようにします。筆者はブルーベリー専用15㎜目合いのネットを使っていま

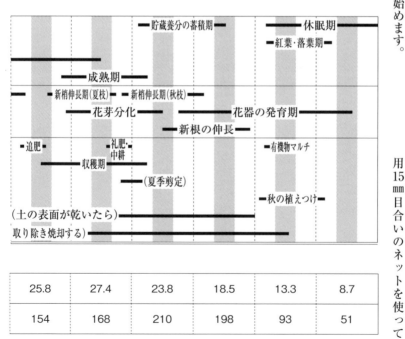

図3－2　ブルーベリーの栽培カレンダー（普通栽培の場合の

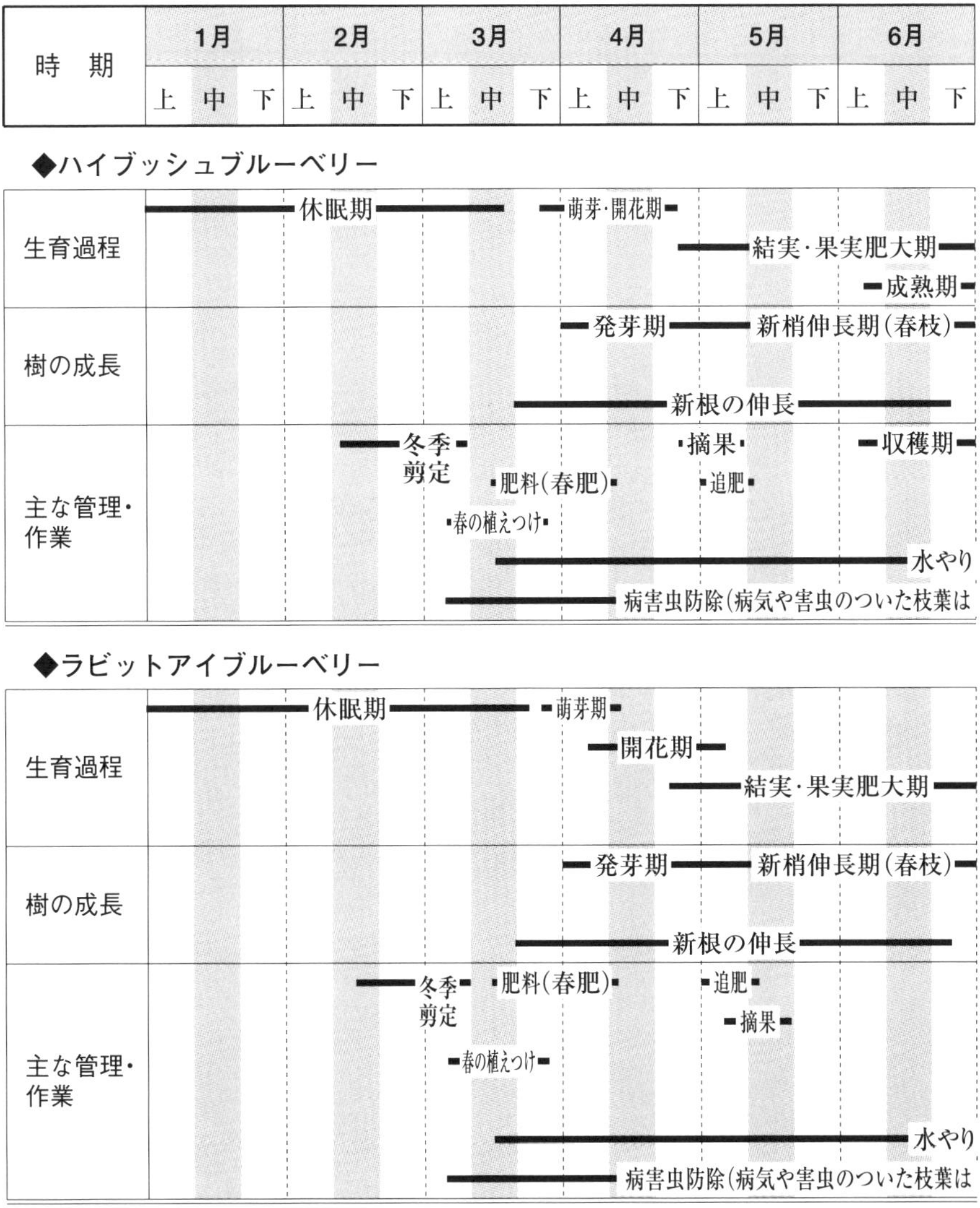

●各月における平均気温および平均降水量

気温（℃）	6.1	6.5	9.4	14.6	18.9	22.9
降水量（㎜）	52	56	118	125	138	168

注：①栽培カレンダーは関東南部、関西の平野部を基準としている
②東京の平均気温を基準としている
③国立天文台編『理科年表2014』をもとに作成

す。スズメはちょっとしたすき間や穴があいていると侵入するので、前もって穴あきなどの点検、補修をしておいたほうがよいでしょう。

草刈り

草生法の場合、5月には背の高いイネ科雑草や夏に蔓性雑草が伸び始めます。定期的に草刈りを始め、それらを大きく伸ばさないようにします。草刈りは秋まで続きます。

害虫退治

6～7月にかけて害虫のイラガが発生します。ヒロヘリアオイラガの若齢幼虫は集団でいます。食害を受けた葉は茶色くなるので意外と見つけやすく、園内を見回りながら分散する前に枝ごと切って退治します。

ハイブッシュには、ゴマダラカミキリの幼虫が寄生します。6～7月には成虫になって出現するので成虫を捕殺します。

果実が熟す頃には、カメムシが果汁を吸いにきます。早めに見つけてペットボトルなどに閉じ込めて退治します。冬の剪定時にカマキリの卵を見つけたら取っておくと、4月に孵化してカメムシのほかいろいろな害虫を食べてくれます。そのほか、無農薬栽培ではクモなど多くの天敵が登場し、害虫を食べてくれます。

夏季剪定

栽培カレンダー（図3—2）にも示したとおりラビットアイは繁りやすいので、5～7月でも枝が込んできたら適宜間引きます。強い内向枝などは伸びたものを冬に切るより、伸びる前にわかるので芽を手で摘み取るのも一つの方法です。

灌水

ラビットアイが熟す8月は雨があればよいのですが、とかく炎天が続く場合があります。草生法では草が土壌湿度を維持しますが、そうでない場合、土壌がカラカラになり、新梢の先が下を向き、うなだれたり、ひどいときは果実がしぼみ始めます。

そのようなときは、迷わず灌水をします。灌水はスプリンクラーや灌水チ

カミキリムシが根元に穴をあける

ゴマダラカミキリの成虫

ューブを使えば、半自動でできるので楽です。灌水は、真夏のブルーベリーの成長に大きな効果があります。

新梢の切り詰め

切り返し（夏剪定）

養分蓄積・休眠期

夏の果実の収穫が終わり、秋に紅葉して落葉するまでの間は、翌年の養分の蓄積の時期です。幼木なら礼肥を施肥するのも効果的です。

また、休眠期間中に行う冬季剪定は、ブルーベリー樹の剪定の中心をなすものです。

株元まわりへの灌水

花芽誘発剪定

ラビットアイは9月から10月に花芽が分化します。この時期を利用した花芽誘発剪定ができます。関東地方では9月です。9月中旬がベストです。8月でも10月でも花芽誘発効果は期待できません。9月中旬に通路に向かう長い枝などを切り詰めると、頂芽優勢の性質で切ったところの先端から2〜3個の葉芽が花芽に変身します。

7〜8月に切ると、花芽ではなく枝が伸びてきます。そのような枝は、9月にもう一度枝が伸びた下で切り詰めると花芽が誘発されます。一般的な剪定はそれ以降の休眠期にすればよく、9月に長い横枝の切り詰め剪定だけでもしておくのが花芽誘発効果をもたらすのでおすすめです。

ブルーベリー樹の一生と成長段階

樹齢と成長段階

ブルーベリー樹の一生は、多くの落葉果樹と同様に、幼木期、若木期、成木期、老木期の4段階に分けられます**（図3—3）**。それは地植えでのことです。鉢植えでは幼木期から若木期の樹を扱うことになります。

成木

幼木・若木期の特徴

ブルーベリーの幼木期は、植えつけ後2～3年です。幼木は根の伸長範囲が浅く狭く、枝も少ないので骨格形成も不十分です。そのため栄養成長を促します。施肥、水やり、除草、結実を控えるなどの必要があります。

植えつけ後3～5年が若木期です。果実をならせながらも栄養成長を盛んにして樹形、樹冠を完成させる時期です。果実も摘花房をし、結実を制限しながら樹を養成します。

成木・老木期の特徴

樹齢の経過とともに主軸枝が充実し、新梢の伸びも盛んになって、樹形も大きくなります。樹冠の拡大に合わせて着果量も多くなり、収量も毎年安定してきます。この時期が成木期です。その時期は、植えつけ後6～7年から20～25年頃までにあたります。

成木期の管理と作業は、栄養成長と生殖成長との均衡を維持し、大きくておいしい果実を長年にわたって安定して生産することを目的とします。

樹齢を重ねると、樹はしだいに老衰して新梢があまり伸びなくなり、花芽は多くできても結実量は少なくなってきます。このような状態が老木期です。一般に植えつけ後20～25年にあたります。

老木期になると太い幹や枝、旧根によるエネルギーの消耗が大きくなり、樹はしだいに弱ってきます。

老木を若返らせるためには、着果量の制限や強剪定を行って栄養成長を活発化させ、根切りなどをして新根の発生を促すなどの管理が必要です。

図3－3　栽培ブルーベリーの樹齢と樹姿（冬季剪定後）

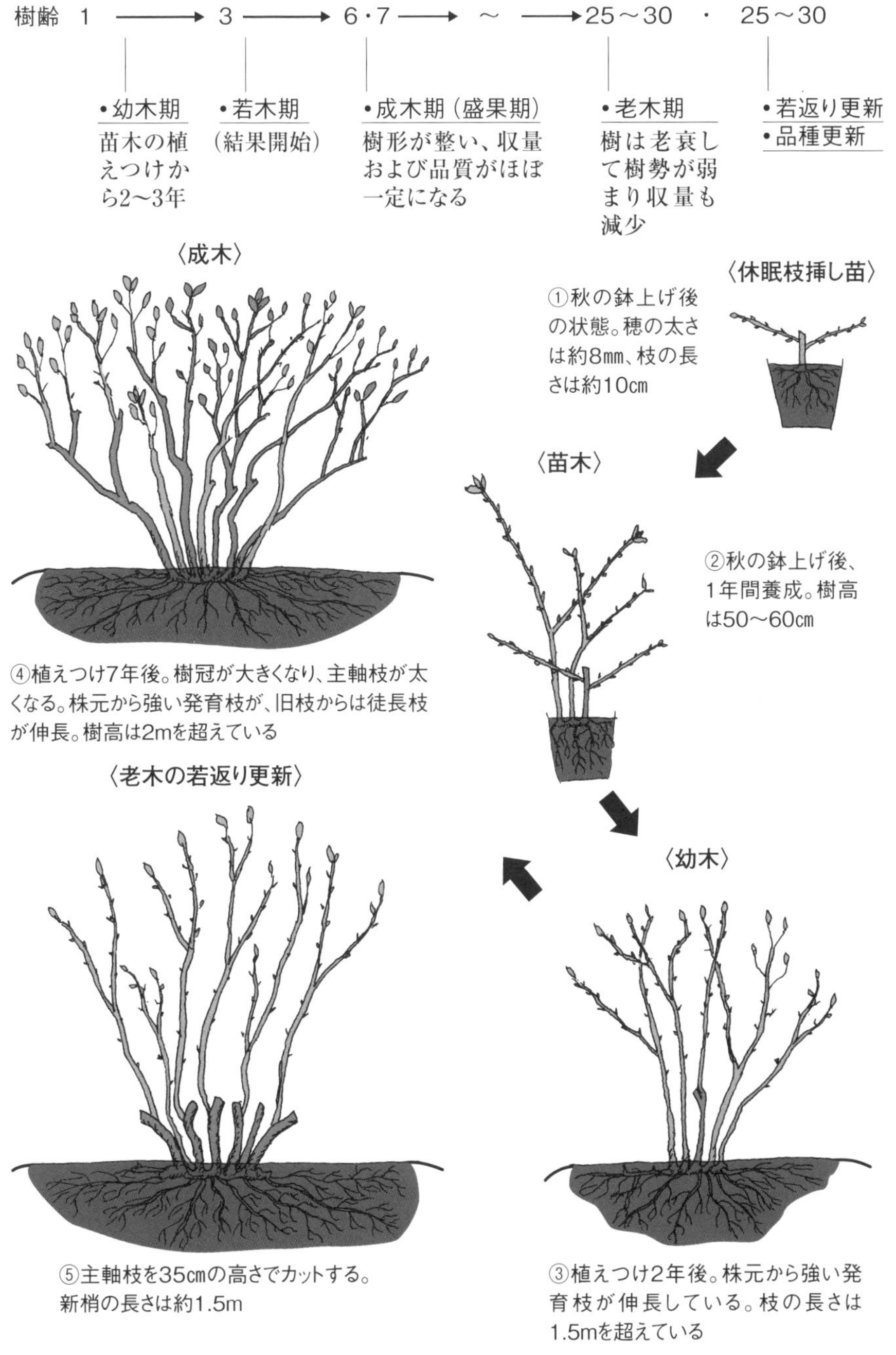
樹齢　1 → 3 → 6・7 → ～ → 25～30　・　25～30
•幼木期
苗木の植えつけから2～3年
•若木期
（結果開始）
•成木期（盛果期）
樹形が整い、収量および品質がほぼ一定になる
•老木期
樹は老衰して樹勢が弱まり収量も減少
•若返り更新
•品種更新
〈休眠枝挿し苗〉
①秋の鉢上げ後の状態。穂の太さは約8㎜、枝の長さは約10㎝
〈苗木〉
②秋の鉢上げ後、1年間養成。樹高は50～60㎝
〈幼木〉
③植えつけ2年後。株元から強い発育枝が伸長している。枝の長さは1.5mを超えている
〈成木〉
④植えつけ7年後。樹冠が大きくなり、主軸枝が太くなる。株元から強い発育枝が、旧枝からは徒長枝が伸長。樹高は2mを超えている
〈老木の若返り更新〉
⑤主軸枝を35㎝の高さでカットする。新梢の長さは約1.5m

萌芽、開花・受粉と摘花作業（2～4月）

花芽の萌芽

花芽と葉芽の萌芽

春季になると、ブルーベリー樹は休眠期から成長期に移行します。花芽や葉芽が萌芽（発芽）します。

系統および品種によって多少の遅速はありますが、花芽は萌芽して開花し、次いで受粉、受精、結実、果実の肥大と、春季の期間中大きく変化しています。

葉芽は発芽して春枝（多くの枝は春枝。一部は徒長枝、強い発育枝になる）になり、旬の進行とともに長くなり、葉数を増していきます。

萌芽から開花まで

2月下旬
3月中旬
3月下旬
4月上旬

花芽分化

花芽形成の初期に、花の各部のもと（原基）ができることを花芽分化といいます。

ブルーベリーの花芽分化期は、種類により異なります。ハイブッシュは関東地方では7月下旬から、ラビットアイで8月中旬頃から始まり、9月中旬頃まで続きます。分化後の花器の発育は急速に進み年内に胚珠の発生が見られます（玉田、1998による）。また、花芽分化は春枝のほうが夏枝よりも早い傾向があります。

開花時期と順序

開花時期と期間

開花の早晩と開花時期の長さは、同一品種でも栽培地の気象条件により異なります。開花は気象条件のうち、気温に最も影響されます。関東南部では栽培ブルーベリーの開花期はほとんど同時期で、4月上中旬から始まり下旬頃まで続きます。東京の4月の平均気温の平年値は14・3℃、最高気温19・4℃、最低気温9・8℃です（気象庁ホームページより）。

開花期間は、品種、樹齢、枝の種類、地域、年などによって異なりますが、成木の場合、ほとんどの品種では3～4週間です。

開花順序

ブルーベリーの開花順序は、枝上の芽の位置によって異なります。先端部の花房が先に開花し、枝の基部に向かって順に開花します。

同一花房内の小花の開花順序は、基部の小花が早く、先端のほうが遅い傾向が見られます。

基部の小花から開花

ミツバチによる受粉

受粉・受精

受粉

花粉が葯から放出され、柱頭に着くことを受粉といいます。受粉には二つあり、同一品種の花粉が柱頭に着くのが自家受粉、違う品種の花粉が着くのが他家受粉です。

柱頭は、花粉を受け入れる場所です。しかし、ブルーベリーでは、柱頭が花冠の外側に飛び出し、また、雄ずいが雌ずいよりも短くなっていて、自家受粉が難しい構造になっています。

他家受粉

ブルーベリーは、自家結実性が劣るため、他家受粉（異なる品種間の受粉）で結実します。

ハイブッシュは自家受粉でも結実しますが、他家受粉すると果実はさらに大きくなります。ラビットアイは、同一品種の花粉ではまったく結実しません。同じラビットアイの別品種の受粉が必要です。

下を向いて開花

受精完了で花が上向きに

順調に結実

そのためには、それぞれ2品種以上を植えて、野生のハチやアブの訪花により、またはミツバチを飼育して受粉させます。結実した果実は花弁が落ち、上を向き肥大が始まります。

訪花昆虫の働き

受粉は自然条件下では、ほとんどが訪花昆虫の働きによります。

　ブルーベリーの花は釣り鐘状で花冠の先端が狭くなり、花柱は長く、柱頭が花冠の外側に突出している品種が多く、葯は花冠内部に隠れた状態です。花粉は粘着性があり、塊状になっているので同一花の受粉や風による飛散は非常に困難であり、自然条件下の受粉はほとんどがミツバチの働きによっています。

　もちろん、野生のマルハナバチやクロマルハナバチ、クマバチ、ニホンヒゲナガハナバチ、ハナアブによっても受粉されます。

　ミツバチは気温が15℃以上で活動しますが、マルハナバチはもっと低い温度でも活動します。気温が7℃のときにクロマルハナバチが訪花しているのを何度も見たことがあります。

〈受粉を助けるハチの姿〉

ニホンヒゲナガハナバチ（雄）

ミツバチ

マルハナバチ

ニホンヒゲナガハナバチ（雌）

クロマルハナバチ

受精可能期間

　ブルーベリーの雌ずいの受精可能期間は、タイプおよび品種によって差がありますが開花後3〜8日間くらいまでのようです。一方、花粉の発芽と花粉管の伸びは、温度が高いほうが促進されます。

　柱頭に着いた花粉が花柱を通って胚珠に達するまで、通常、2〜3日を要するとされています。胚珠に達し、精細胞と卵細胞が合体して受精して種子ができます。

　受精したかどうかの兆候は、花の向きから観察できます。受精すると小花柄が回転して、それまで下向きだった小花が上向きになるおもしろい現象が見られます。

　受精しなかった小花はワインカラーに変色し、10日以上も花房上に残って、その後落下します。

　受粉、受精を経て、種子の発達とともに子房を中心とする組織が果実に成長します。ブルーベリーは、一つの子房を持ち、花が受精、結実の過程を経て1個の果実となります。

剪定時に花芽を制限

摘蕾・摘花作業のコツ

　大玉の生産を目的とする場合、花数を制限するための摘蕾・摘花（蕾や花、幼果を摘み取り、果実の着き過ぎを防ぎ、栄養を行き渡らせるようにする）が効果的です。といっても花が咲いてからの摘花は簡単ではありません。そこで効率的なのが、剪定時に花芽を制限してしまうことです。

　例えば、経済栽培では長さ10cm以下の枝に花芽が着いた枝は、根元から切ってしまうのが楽です（**図３―４**）。

また、全体に着生花芽数が多い品種では、そのまま開花させると小粒の果実ばかりになるので、先端から3芽ぐらいを残し、その下の花芽を手でもぎ取ってしまいます。摘花する効果が高くなります。

　ノーザンハイブッシュでは「ブルークロップ」、「ブルーゴールド」など、サザンハイブッシュでは「エイボンブルー」、「ブラッデン」、「ミスティ」、「サファイア」などで、摘花しない場合は果実が小粒となり、翌年の結果枝となる新梢の発生も少なくなります。

　なお、1花房に10果ほどの果実が着きます。庭先栽培では管理しやすいこともあり、1花房に4～5果着くように摘果することも考えられます。

図３－４　結果枝の花芽の剪定と摘蕾・摘花

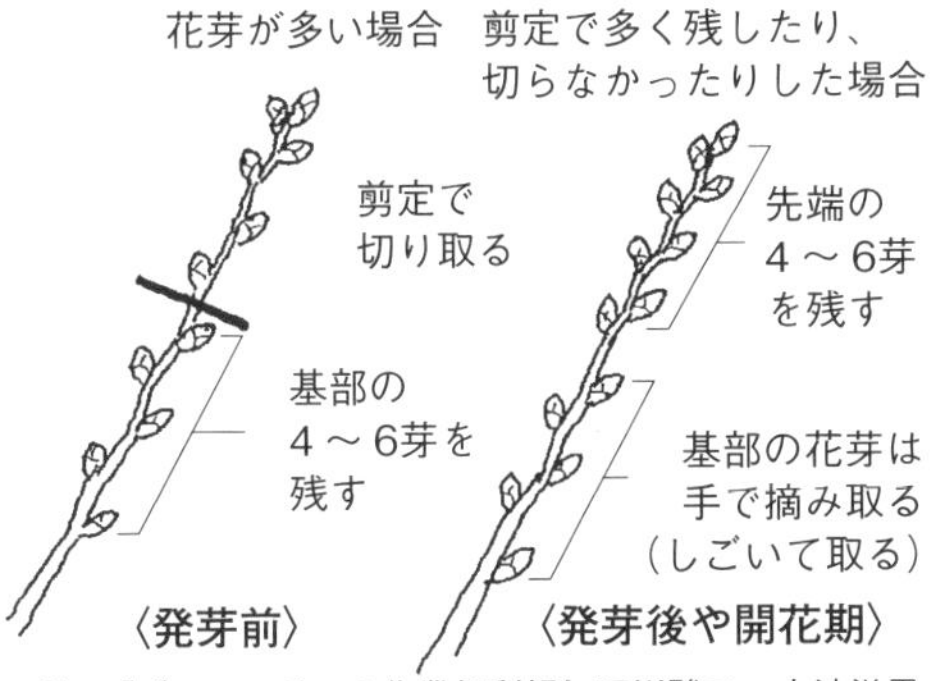

注：『ブルーベリーの作業便利帳』石川駿二・小池洋男著（農文協）をもとに作成

果実の結実・肥大と成熟（4～8月）

果実の肥大

ブルーベリーの果実の成長周期は、三つのステージに分けられます。果実の成長周期第Ⅰ期では果実が急激に肥大する段階であり、第Ⅱ期は成長の停滞期です。

その後、ふたたび成長が盛んになる第Ⅲ期で果実の大きさは最大になり、果皮は赤色に着色し始め、その後、青紫色になって成熟します（図3—5）。

受精後に結実

成熟期の早晩

成長周期第Ⅱ期の長さが品種によって異なり、成熟期の早晩を決定しています。すなわち、早生品種は第Ⅱ期の期間が短く、晩生品種では長くなります。このような傾向は同一品種内の果実間でも見られ、大きい果実は小さいものよりも第Ⅱ期の期間が短くなっています。

生理的落果

生理落果は2回あり、1回目は不受精による胚珠の死亡、2回目は主に胚珠の生育不良によると考えられています。日本では2回目の時期は、新梢伸長が盛んな時期であることから、果実間、果実と新梢間の養分競合によって胚珠の生育が不良になるためではないかと考えられます。

生理落果

果実の成熟

成熟の段階

果実の成長周期第Ⅲ期は、最大肥大期であるとともに成熟過程を示す時期でもあります。

図3－5　ノーザンハイブッシュ果実の成長周期　（玉田 2015）

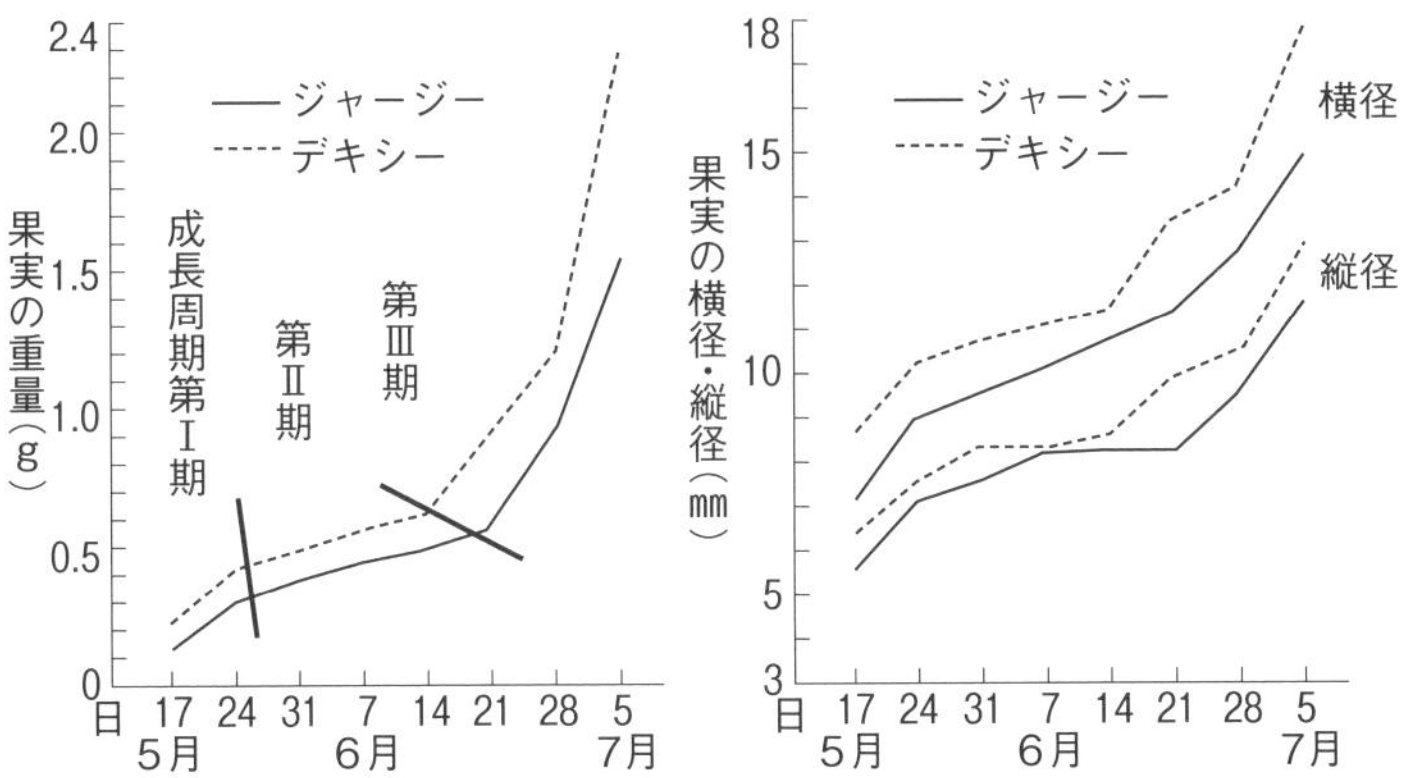

成熟過程

成熟過程は、通常、着色の段階から次の六つに区分されています。

①未熟な緑色期

果実は硬く、果皮全体が濃緑色の段階。この段階は、まだ、果実の成長周期第Ⅱ期。

②成熟過程の緑色期

この段階から、果実の成長周期第Ⅲ期に入る。果実はわずかに軟らかくなり、果皮全体が明緑色の段階。果実中の糖が多くなりはじめる。

③グリーンピンク期

果皮は全体的に明緑色であるが、がくの先端がいくぶんピンク色になった段階。実際の成熟が始まる段階。

④ブルーピンク期

果皮は全体的にブルーであるが、果柄痕のまわりがまだピンク色をしている段階。

着色は部分的、段階的

⑤ブルー期

果皮全体がほとんど完全にブルーであるが、果柄痕の周囲にわずかにピンク色が残っている。

⑥成熟期

果皮全体がブルー（品種本来の明青色あるいは暗青色）になった段階。

樹上で完熟

果肉の変化

果肉の軟らかさは、果実の成熟度合いを示す一つの指標です。すなわち、成熟段階の進行とともに果肉は軟らか

ラビットアイ「フクベリー」の着色段階と果実の肥大

くなります。

果肉の軟化は、硬い果肉を構成している細胞壁のヘミセルロースやペクチンなどの成分が、成熟段階に入って徐々に水に溶けるペクチンなどに変化し、細胞同士を結合している力が小さくなることによるものです。

風味と関係する成分

成熟果に多く含まれるのは水分、糖および酸です。第7章で詳しく述べていますが、糖と酸の種類、濃度は果実の風味を左右します。

水分

果実の水分は約80～90％です。その含有率は、果実の成長期間中大きくは変化しません。

アントシアニン

アントシアニン色素は、着色段階に入ってから急激に増加します。さらに着色段階の進行とともにアントシアニン含量が増加し、完全な青色になった果実（成熟果）で最大となっています（**図3—6**）。

糖

ブルーベリーはリンゴやナシと異なり、果実の成熟過程、および収穫後にデンプンが糖に分解され、果実の糖度が高まることはありません。したがって、収穫果の糖度は枝上にあった状態のままです。収穫後に甘く感ずるのは、果実中の水分含量あるいは酸含量が低下したためと考えられます。

果実中の糖は、主に果糖（フルクトース）とブドウ糖（グルコース）で、蔗糖（シュークロース）は少量含まれています。糖の含量は果実の成熟段階で異なり、未熟果で低く、成熟果では最も高くなります。

酸

図３－６　果実の成長段階による果実重、可溶性固形物、全酸（クエン酸として）、アントシアニン含量の推移

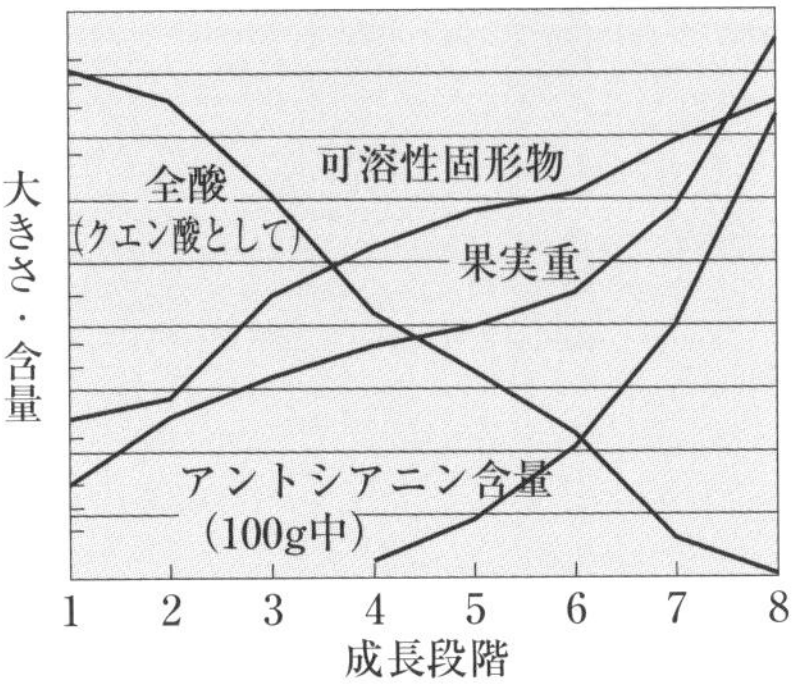

1　果実は小さく果皮が深緑色
2　果皮が明るい緑色
3　がくのまわりがわずかに赤色
4　果皮の半分くらいが赤色化
5　果皮がほとんど赤色化
6　果皮全体が青一色
7　果皮が全体に青色
8　軸のつけ根まで完全に着色

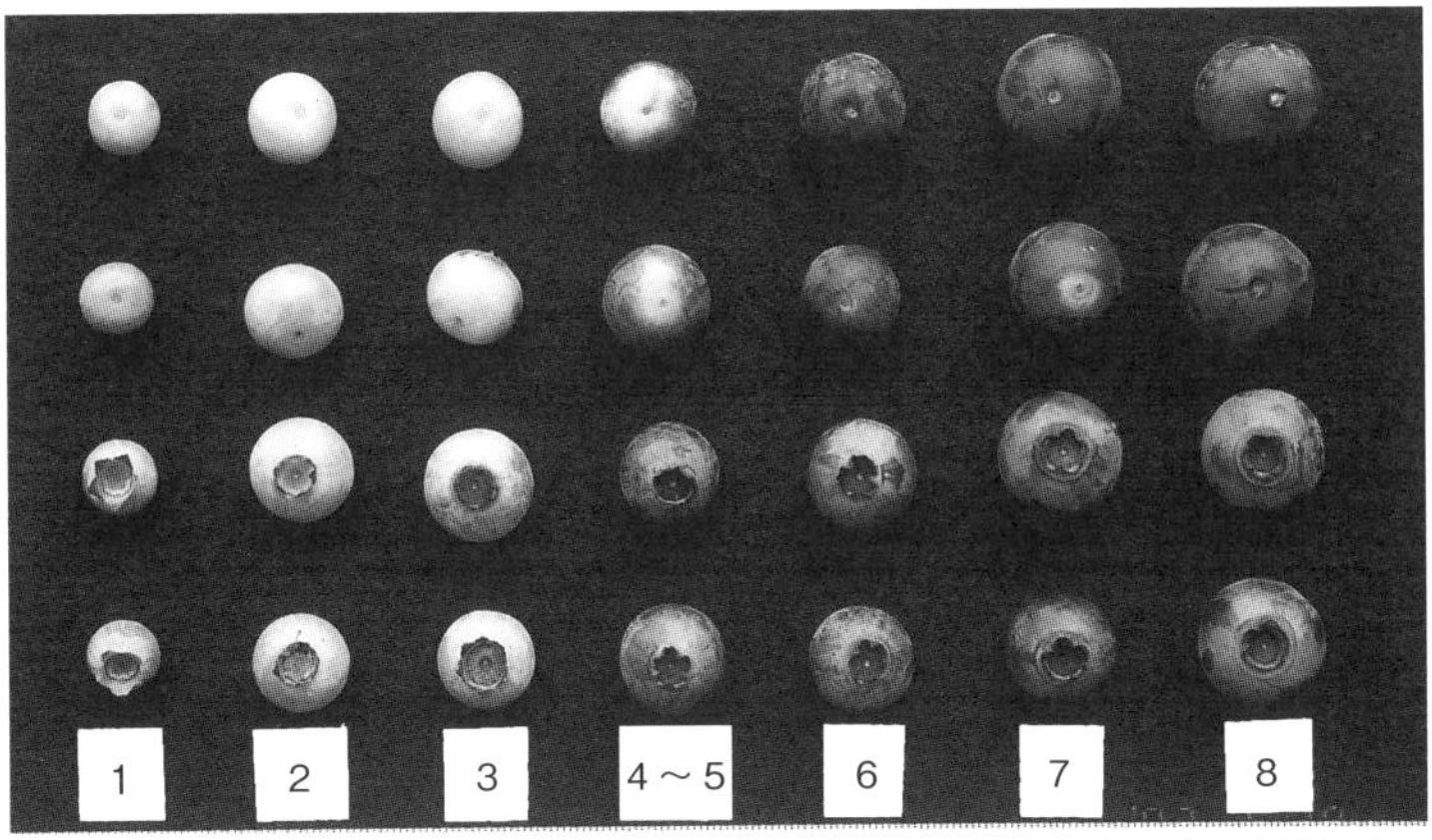

果実は着色期になると急激に肥大するとともに、アントシアニン色素含量も増加する

酸は、クエン酸、リンゴ酸、コハク酸、酒石酸などです。酸の種類は、ブルーベリーの系統および品種によって、また酸の含量は成熟段階で異なります。ノーザンハイブッシュではクエン酸が最も多く、ラビットアイではコハク酸が多く含まれています。酸含量は、未熟果で多く、成熟段階の進行とともに少なくなります。

糖酸比

糖と酸の含量バランスを示す指標に糖酸比があり、通常、屈折計示度／酸含量で示します。糖酸比は風味の指標です。糖酸比が高い果実は、甘くておいしいと感じられ、糖酸比が低い果実はおいしくないと感じられます。

果実の糖度（屈折計示度）、および酸含量と同様に、糖酸比もタイプおよび品種によって異なります。また、同一品種でも成熟期の気象条件、果実の成熟過程によって違います。

例えば、成熟期に晴天に恵まれ、温度や日照量に恵まれたとき（月、年など）には果実はおいしく、また、完熟果は、着色不良の果実よりもおいしいことはよく知られています。

果実の収穫と選果・出荷（6〜9月）

収穫の適期

収穫の始まり

6月上旬になると、ノーザンハイブッシュ、サザンハイブッシュの早生品種では収穫が始まります。したがって、収穫適期を見極めて適切な方法で収穫し、収穫後は品質の劣化をできるだけ抑えるように取り扱うことが重要です。

成熟果

成長周期第Ⅲ期になって、果実は大きくなり、果皮全体にアントシアニン色素がのり、糖度が高まり、有機酸が減少して、果実の本来の風味になります。ブルーベリーは、多くの果樹とは違って収穫後に糖度が高まることはほとんどありません。

図3－7　果実を摘み取る

完熟果を一粒ずつ軽くつまんでねじり、果柄が残るように摘み取る

適期の収穫

ブルーベリーは樹上でのみ完熟します。そのため、収穫しておいしい果実は、着色ステージで判断します。樹上で果皮全体が明青色あるいは暗青色に着色してから4〜7日経った、いわゆる完熟果です。完熟果は果柄痕のところまで完全に着色しています。

果皮に赤みが残っている段階で、あるいは1樹で2〜3日間隔の収穫では、果実の風味は著しく劣ります。

収穫の留意点

収穫期間

1品種あるいは1樹の収穫期間は3〜4週間ですが、成熟期の早晩から系統と品種を組み合わせると、収穫期間は6月上旬（早生種）から9月上旬（極晩生種）まで続きます。

およそ3か月の収穫期間中、品種はもちろん、気温、降水量、日照量など

収穫果は浅い容器に

果実を収穫

果実品質に影響を及ぼす気象条件も大きく違っています。したがって、全期間を通して一定の品質の果実を生産することは非常に難しいのが現実です。

手収穫

収穫方法には手収穫と機械収穫の二つの方法がありますが、日本ではほとんどが手収穫です（図３—７）。これは、日本における栽培面積が小規模であること、また、果実の利用が生果中心であることによります。

竹ざるに摘み取る

果皮色を確認して摘み取る手収穫では、一人および1日当たりの収穫量は多くありません。成人一人、1日当たりの収穫量には個人差および熟練の差がありますが、一般に30～40kgくらいであるといわれます。このことから、収穫最盛期には成木園10a当たり（全収穫量４００～６００kg）２～３人の収穫者が必要となります。

守るべき共通事項

ブルーベリー果実は、一般的に果皮および果肉が軟らかく、日持ち性が短いです。そのうえ、成熟期が梅雨の時期から最も気温の高い、いわゆる高温多湿の時期にかけて収穫、出荷されるため、果実の品質保持にはとくに注意します。

品種固有の風味の良い果実を収穫するために、いくつかの守るべき共通事項があります。

①適期収穫（早取りをしない）と収

穫間隔を守る

②朝霧が消散してから摘み取る

③深さが10㎝くらいまでの底の浅い容器に摘み取る

④軽くねじって摘み取る。強く引っ張らない

⑤完熟果の取り残しをしない

⑥梅雨の期間中は、晴れた日（時間）に摘み取り、濡れている果実は風を当てて乾かす

⑦障害果を除去する

なお、ブルーベリーには、果皮に果粉（ブルーム）が着いています。指でじかに触って摘んだときに、指紋がつきます。果粉をできるだけ取り除かないように注意しながら収穫することが重要です。手袋をして扱うなどの細かい配慮も必要です。

収穫作業

収穫果

選果・出荷にあたって

選果作業

日本では独自の選果場を備えている例は少なく、多くは他の作物などとの共用の作業場で選果を行います。

選果はすればするほど果粉（ブルーム）が取れてしまい、真っ黒になってしまいます。できるだけいじらないほうがきれいな果実を維持できます。とはいえ、未熟果、傷害果、カメムシの吸汁果実などは取り除く必要があります。

収穫時にもある程度は選別しながら収穫し、その後できるだけ直射日光に当てないようにして、物陰や低温にした場所に置きます。

搬入　搬入は、まず気温の低い午前中に、ていねいに摘み取り（深さが10㎝くらいでメッシュの入った底の浅い容器）、一定量がまとまった時点で選果場（他の作物と共用の建物あるいは場所）に運び込みます。

選果　そこで別に用意してある清潔な容器（摘み取り容器よりも浅く、幅の広いもの）に広げて果実温を下げる

ともに、葉や花軸、未熟果や過熟果、障害果などを除去する選果作業を行います。

なお、成熟果だけをていねいに直接、容器に摘み取れば、とくに選果（選別）の必要はなく、容器いっぱいになって一定量を満たしたものは包装後、生果として販売することができます。実際に、そのような収穫をしている例は国の内外で見られます。

プラスチック製容器

容器と出荷の目安

容器　果実を入れる容器と包装は、流通の段階で果実を保護し、果実の輸送性と日持ち性を良くするために必要です。

海外では容器とふたが一体となったクラムシェル型容器（二枚貝のように開く形）で、メッシュが入ったプラスチック製の長方形か正方形のものが多いです（長方形のものは高さが6・5cm、上辺は12×10・5cm、底部は10×8cm）。また、輸入果実が入っている容器は、型は同じであるが大きさは小さく、125g入りになっています。ふたの上部には出荷団体名が記されています。

同じ品種で大きさを揃える

日本で用いられている容器は、100g入りのプラスチック製のもの（高さは4・5cm、上部の直径が10cm、底部の直径が8cm。側部は網目状）が多いです。ふたの中央部にはシールが貼られ、果実の絵や食べ方、出荷団体名が紹介されているのは海外の産地のものと同様です。

出荷　ブルーベリーは、品種により果実の大きさがさまざまです。現段階では、等級区分や出荷規格・基準が必ずしも整っているとはいえません。そこで大事なのは、できるだけ同じ品種で大きさを揃えること、果実が泥やほこりなどで汚れていないこと、着色が優れていること、過熟でないこと、裂果していないことなどです。

収穫果の品質保持と貯蔵

鮮度と品質保持

果実の品質保持のためには、劣化防止がなによりも大切です。収穫後、可能であれば果実を適度な温度まで冷却し、果実自体の呼吸量、品質変化を抑えて鮮度を保持する予冷処理が考えられます。

鮮度は時間とともに落ちます。収穫後、できるだけ早く出荷するのがいちばんです。最近は宅配便が発達し、日本全国翌日、または翌々日には到着するので、収穫後すぐに送るようにすれば、かなり鮮度は保つことができます。クール便でなくても普通便で送り、到着後冷蔵してもらえば品質が保持できます。

冷凍果実

貯蔵の方法

低温貯蔵

収穫後の品質劣化を抑えるためには、低温貯蔵は効果的です。温度0～2℃で果実を通気性の良い容器に入れての冷蔵がよいとされています。

CA貯蔵

CA（Controlled atmosphere）貯蔵（制御されたガス環境下での貯蔵）は貯蔵庫内の大気組成を人工的に変え、冷蔵と組み合わせて長期保存する方法のことです。

酸素濃度を下げ、二酸化炭素濃度を上げると、ブルーベリーの呼吸が大きく抑制され、エチレンガスの生成も抑制され、鮮度が保たれるという貯蔵法です。

冷凍貯蔵

冷凍貯蔵は、ブルーベリーを最も長く保存する方法です。収穫後、できるだけ早く選果、洗浄。マイナス20℃に冷凍貯蔵すれば1年でも2年でも貯蔵し、ジャムやジュースなど各種加工品に使えます。

果実は凍結、解凍によって急激に酸化しても、組織や構造の損失が生じにくいとされています。温度管理に注意すれば色調、肉質などの変化も少なく、有効に利用できます。

施設栽培の目的、作型と管理・作業

施設化のねらい

ブルーベリー栽培の場合、施設栽培の目的は次の五つに要約できます。

●成熟期の促進：成熟期（収穫期）を梅雨期よりも早められる

●生産の安定：梅雨期間中でも定期的な収穫が可能となる

●品質の向上：病害や虫害のほか、梅雨期に多い裂果がなくなる

●労力の分散：収穫期間の長短の調整、作業性の向上をはかることができる

●経営改善：果実の有利販売、収益性の向上をはかることができる

なお、施設化の注意点として、品種は、その品種の成熟期を優先して選びます。休眠の深いラビットアイやノーザンハイブッシュでなく、休眠の浅いサザンハイブッシュなどが促成栽培に適しています。

大型ハウス連棟の外観。施設の周囲を防風林で囲っている

大型ハウス連棟の内部。地植えで樹冠下は有機物マルチ、樹列間に防草シート。ファンを設置して空気の循環をはかっている

施設による作型

施設栽培における作型は、**表3—1**のように分類されますが、ここでは加温栽培、無加温栽培、雨よけ栽培について触れます。

加温栽培

この方式は、ブルーベリー栽培の場合、通常、鉢植え樹を用い、1月下旬～2月上旬の樹の自発休眠明け後から果実の成長期間中を通して、成熟（収穫）が終了するまでの期間、暖房機を

用いて一定範囲の温度に加温して育て、普通栽培よりも数週間程度、成熟期（収穫期）を早めるものです。

施設の形式や設備の種類はとくになく、パイプハウスが一般的です。フィルムは紫外線ノンカットのものとし、屋根部付近の高温を防ぐため、換気できるサイドは高い位置につけています。暖房方式は温風暖房が一般的で、保温効果を高めるため、発芽期から開花期間中、ポリエチレンフィルムを保温カーテンとしています。

ハウス内には、加温機のほか灌水装置、換気扇、天窓換気装置などの設備が必要です。これらの設備類は、ハウスの規模と一体となっています。

表３－１　施設栽培における作型の分類

加温の有無	加温条件	作型	備　考
有	時期	超早期加温	極早生品種などを用いた極早期の加温
		早期加温	標準加温より早期の加温
		標準加温	普通加温と呼ぶ場合もある
		後期加温	半加温、準加温に分類する場合もある
	程度	普通加温	積極的に好適条件に設定する
		少加温	低温障害を回避する程度に設定する
無		簡易被覆	春先の保温などを目的とする
		屋根掛け	降雨を避けることを目的とする

注：『新版 果樹栽培の基礎』杉浦明編著（農文協）

大型ハウス内の栽培樹

鉢植え樹は収穫後、ハウス内から戸外に出して管理します。

無加温栽培

暖房機を用いてハウス内部を加温することなく、被覆資材の保温効果のみによって果実の成熟期（収穫期）を早める方式が無加温栽培です。したがって施設や設備のうち、加温器は備える必要がありません。

ブルーベリー栽培では、加温栽培の場合と同様に、鉢植え樹が用いられています。収穫後、鉢植え樹は戸外に出して管理します。

雨よけ栽培

成熟期の樹と果実が雨でぬれないようにするため、作業に支障をきたさない一定の高さに被覆資材を張り、側方（サイド）は開放した施設栽培を、とくに雨よけ栽培といいます。

ブルーベリーの場合、普通栽培樹で

行われ、被覆資材は成熟期間中だけ張り、それ以外の時期は取り外すのが一般的です

普通加温栽培の例

温度管理

ハウス栽培で昼間の温度は確保できても、夜温は下がるので無加温というわけにはいきません。暖房機の導入が必要です。気温が下がったら加温して、最低気温が10℃以上は保ちたいところです。

開花期間中は日中の最高温度は35℃以上にならないよう、窓の自動開閉を作動させるなど、注意して管理します。実際には難しい点もあります。例えば、3月を過ぎると日中のハウス内の温度は40℃以上にもなることがしばしばあるからです。

また、収穫期の5月は、快晴時のハウス内の日中温度は40℃以上になることもまれではないので、気温が上がりはじめる前の午前中に収穫します。

温度が40℃以上になっても、それが一時的であり、土壌水分が十分である場合には、新梢、葉、果実に外観的な変化は見られません。

雨よけ栽培。果実の成熟期間中、樹上のパイプにビニールフィルムをかぶせる

灌水および施肥

灌水および施肥は、加温栽培でも最も重要な管理作業です。

灌水は、鉢ごとの手灌水もしくはチューブ灌水が一般的です。1日1回は必要であり、尺鉢の大きさでは約2ℓ、もっと大きい鉢の場合には5ℓくらいとします。

肥料は灌水による肥料分の流亡が多いため、こまめに施用します。灌水を兼ねて、1週間に1回、定期的に、液肥の形で［アンモニア態N（窒素）で、P（リン）、K（カリ）を含むも

大型ハウス内の栽培（鉢植え）

の」を施用します。葉が展開してからは葉色をよく観察し、淡くなったら随時施用するとよいでしょう。

また、緩効性のＩＢ化成（「Ｎ：Ｐ：Ｋ」は「10－10－10」で、Ｎは縮合尿素）であれば、3月上旬と4月中旬に施用しただけでも十分でした。

栽培管理

受粉　加温栽培で、1月下旬～2月上旬に加温したところ、開花（20％開花）は3月中下旬から始まりました。

鉢植えで育てた3～4年目のラビットアイ

結実率を高めるために、異品種を育てる必要性はすでに述べましたが、さらに、ミツバチを一つのハウスに1群導入して昆虫受粉を進めます。導入時期は、開花状態が5％のときから始めて95％が開花が終わった頃までとします。

摘果　根域が制限されているポット栽培では、着果量と果実の肥大との関係は密接であると考えられます。詳しいデータは不足していますが、葉がついていない10㎝以下の枝では、摘果がすすめられます。

新梢の管理　加温栽培では、ポット栽培樹でも新梢伸長は比較的旺盛であり、2次伸長枝まで見られます。これらの枝は、普通には伸長停止後花芽を着けますが、間引き剪定、あるいは切り返し剪定など、新梢の管理は特別行われていません。

鉢植え樹（植えつけ4年目）

収穫　収穫果は、選果までの間は日陰の涼しい場所や低温にした場所などに置きます。普通栽培の場合と同様に選果し、出荷します。

ハウス・器機の設定

昼間のハウス内は、そのままでは40℃近くまで気温が上昇します。温度設定を30℃に設定して換気扇を回せるようにします。夜は暖房機で最低気温を10℃以下にならないように保てるようにします。

第4章

土壌管理と施肥、灌水のポイント

スプリンクラーによる散水

土壌管理と中耕、雑草の防除

土壌表面の管理

果樹園の土壌表面の管理法には、大別して、清耕法（耕うんや中耕により除草して裸地に保つ）、草生法（被覆作物で地面を覆う）、有機物マルチ法、プラスチックマルチ法、これらを組み合わせた折衷法があります（表4―1）。

マルチフィルム

実際のブルーベリー園の土壌表面の管理は、筆者の考えでは二つになります。それは草を生やすか、生やさないかです。生やさない方法としては、園内の地表に防草シートを張るのが一般的です。

一方、土づくりとしての生物多様性を活かす場合は草を生やします。定期的に長く伸びる草を芝刈りのように刈り取ることが必要になりますが、3年もすると土は草の根や微生物により耕され、ふかふかの良い条件になります。

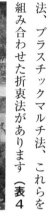

太平洋側では冬に雨が降らず乾燥することがしばしばありますが、草があると土壌湿度は維持されます。もっとも雑草が旺盛に伸びてくるので、近年は畝間に防草シートを被覆するケースが増えています。

表4―1　土壌管理法がノーザンハイブッシュ「パイオニア」樹の成長に及ぼす影響

土壌管理	1樹当たりの平均乾物重（g）		
	地上部	地下部	全体重
おが屑マルチ	2905.6	1725.2	4630.8
わらマルチ	1952.2	1089.6	3041.8
清耕＋牧草	2224.6	862.6	3087.2
清耕	1997.6	771.8	2769.4

（Shutak and Christopher 1952）

中耕のポイント

7月下旬までに収穫を終えたノーザンハイブッシュ、サザンハイブッシュでは、8月になったら樹列間に施用していた有機物マルチと土とを軽く混合させる、いわゆる中耕をします。深さは土の表面から10～20㎝とします。

中耕

中耕によって土が膨軟になり、一定の土壌水分を保持でき、また、除草、病害虫防除にもつながります。

ブルーベリーに限らず農業では中耕作業が重要になります。果樹でも同じです。樹冠下には根が張っているので、その周囲を中耕することで空気が地中に入り、微生物の活動を活発化します。そのことにより、根も活発に活動するようになります。

籾殻マルチ

ナギナタガヤマルチ

木材チップマルチ

雑草の防除

雑草の繁茂

樹列間を清耕法、あるいは草生法で管理している園では、雑草がかなり繁茂します。

果樹園の雑草は、通常、1年生、2年生、多年生に分けられます。

雑草はなにかと問題になります。東京の練馬区には、たくさんのブルーベリー摘み取り園があります。すべての園できちんと防草シートが敷き詰められています。雑草は生えないのでお客さんファーストの考え方でもあります。バークチップを株元に敷き詰める場合もありますが、2～3年後には草の種が落ち、生えてきます。

除草

雑草の根は、ブルーベリーの根とほとんど同じ深さに伸長しているため、養水分の競合が起こり、また病害虫の寄主、病原菌の繁殖場所となるからです。さらに樹高が低い幼木期には、草丈のある雑草との間に、日光の競合も見られます。

樹園地から完全に雑草を除くことは非常に難しいことです。それは、多くの雑草が1株当たり1000から10万以上の種子を着ける種類や、種子は硬実で土中で何年も発芽しないものがあるからです。

1年生雑草は、成長期間中数回の刈り込みや中耕で容易に除草できます。

経済栽培園で見られる除草方法は、樹列を高畝にして樹冠下は有機物マルチ、樹列間を草生としている園の場合ですが、有機物マルチの部分は手で抜き取りあるいは刈り払い機で除草し、樹列間は自走式の草刈機で刈り込む方法が一般的です。

なお、日本のブルーベリー栽培では、「健康果実の生産」を重視して、安全性の面から除草剤を散布しない管理法が一般的です。

草生法による地面管理のコツ

草生法への転換

あくまで筆者のブルーベリー園の例ですが、植えつけから8年間、雑草防止のため防草シートで全園を覆っていました。確かに草は防げました。落葉期には落ち葉集めも楽でした。

オオイヌノフグリ

しかし、防草シートをめくってみると、土はカチカチで乾燥していました。真夏の地温の上昇もかなりのものでした。防草シートの裏側には、イラガのまゆがいっぱい着いていたりしていました。

これではいけないと思い立ち、草生法に切り替えることにしました。野菜づくりでは、川口由一氏提唱の「耕さず、草や虫を敵としない」という自然農的な栽培をしているのに、ブルーベリーでは反対のことをしているような気がしました。

冬の間、すべての防草シートを撤去し、通路にはブルーベリーの地下茎が伸びていたのをすべて切り取り、通路の土をブルーベリーの列に上げて、列は高さ30㎝の高畝にしました。根に十分な酸素が行くようになりました。

ナズナ

一面にホトケノザ

草生法への転換

防草シートをはがす

はがした直後の状態

草生法への転換

園地の生物相と草刈り

地面を覆う雑草

春になり地面は草で覆われ、ホトケノザのピンクの花のじゅうたんをはじめ、オオイヌノフグリ、ハコベ、ナズナ、ヒメオドリコソウ、タンポポ、カラスノエンドウ、イヌタデ、ハルジオンなど数え切れないほどのいろいろな雑草に覆われ、花が咲き乱れました。

園内の生物相は年によって変化し、ハコベが地表を一面覆うこともあります。

定期的な草刈り

春の草の次には、イネ科雑草も出てきます。イネ科雑草はかなり高さがあるので、定期的に草刈りをしないと繁茂し過ぎます。初夏からは、草払い機で芝刈りのように地上数cmを残して刈

ヒメオドリコソウ

草刈り作業

り取ります。

夏にはちょっと油断すると、蔓性の雑草が繁茂します。ヤブガラシ、マルバルコウソウ、ヘクソカズラ、ヒルガオなどです。ラビットアイ種の収穫に集中している間に、気がつけばハイブッシュ系の樹が蔓性雑草に覆われたオブジェになってしまうこともあります。

地面の状態と効果

ふかふかで水分保持

草生法に切り替えてから2～3年後に気づいたことですが、通路も畝も足を踏み入れると土がふかふかしているのです。地面を覆った草の根がたくさんの微生物とともに地面を耕していたのです。

また、1か月ほど雨のないときがありました。以前なら設置した灌水チューブでたびたび水をやっていたのですが、草があると明らかに水分が保持されていて、水やりをすることもなくなりました。

おいしい果実を多収

以前、防草シートを張っていたときは、落ち葉を回収して腐葉土をつくっていたのですが、それはできなくなりました。草の中に落ちた葉は回収しにくく、そのままにしています。

小動物や微生物は多岐にわたります。落ち葉はやがて微生物の働きにより、朽ち果てて土に還ります。これこそ自然の循環なのです。

草生法に切り替えてからは、それまで春にボカシ肥料を株間に一握りずつ施肥していましたが、現在は無肥料です。それでもおいしい果実を多収できます。草生法は、自然の摂理に従い、異常気象に耐える自然環境を維持するものと思っています。

施肥の時期、方法と栄養診断

化成肥料と有機質肥料

化成肥料

一般にブルーベリー栽培で用いられている肥料は、多くの場合、N（窒素）、P（リン）、K（カリウム）の三要素を含む化成肥料です。

普通化成肥料（固形）

普通化成は、低度化成ともいい、三要素の合計量が15％以上30％未満の化成肥料をいいます。ブルーベリー栽培では、N、P、K成分が8－8－8の普通化成肥料の施用が一般的です。普通化成は肥料成分が少ないので、少し多量に施用しても施肥ムラや濃度障害を受ける危険性が少なく、葉中成分濃度が低く、また繊維根で浅根性であるブルーベリー樹の栄養特性に合致しています。

施肥量

施肥量は、多くの果樹では10a当たりのkg数で表されますが、ブルーベリーでは1樹当たりのg数で示すのが一般的です（**表4―2**）。

表の場合、肥料の種類は、N（窒素）：P（リン）：K（カリウム）が

表4－2　ブルーベリーの樹齢別施肥例（1樹当たり施肥量）

植えつけ後の年数（植えつけ年）	年間の施用量（g）	1回当たりの施用量（g）および時期（株元から30cm以上離して散布）
1	42～62	21～31gを植えつけ6週間後、それから6週後に1回
2	84～126	21～31gを萌芽直前、それから6週ずつの間隔で3回
3	112～168	28～42gを萌芽直前、それから6週ずつの間隔で2回、果実収穫後
4	168～252	42～63g。施肥時期は3年以降同じ（計4回）
5	228～340	57～85g。施肥時期は3年以降同じ（計4回）
6	280～420	70～105g。施肥時期は3年以降同じ（計4回）
7年以上	280～420	70～105g。施肥時期は3年以降同じ（計4回）

12-4-8式肥料をN成分を中心にして8-8-8式（普通化成）に換算した　（Himelrickら1995から作成）

1：1：1の普通化成肥料で、施用量は、1樹、1回当たりの量とし、時期は関東南部を基準にしています。

施肥時期

施肥時期は、若木時代からは年4回を標準とします。1回目は萌芽（発芽）直前に春肥（元肥）として施し、それから6週ずつの間隔で2回追肥し、そして果実収穫後に礼肥として1回施します。毎回、同量を施します。

追肥

春肥（元肥） 春肥は、関東南部を例にとると、3月下旬に行います。4月から5月上旬～中旬の春枝（新梢）の伸長、果実（幼果）の成長に必要な養分を満たすためです。

追肥 追肥は、春肥から礼肥までの期間に1～2回行います。1回目は、春肥が果実や春枝の枝葉の成長のために吸収され、また土中から流亡して不足した状態になる5月上旬～中旬に行います。収穫時期が遅い品種では、1回目の追肥から6週間後にもう一度追肥する場合があります。

硫安

礼肥 礼肥は、枝葉の成長、果実の成長・成熟に消費された養分を、収穫後に補給するために行います。タイプ別、品種別に、収穫期の終了後できるだけ早期に行います。

有機質肥料

ブルーベリーは硝酸態窒素ではなく、アンモニア態窒素を好んで吸収します。硫安などはアンモニア態窒素です。しかし、筆者のおすすめは有機質肥料です。明らかにおいしい秀品果実になります。

生物由来の有機質肥料です。具体的には米糠、油粕、魚粉などです。有機質肥料は土の中で微生物に分解された後、植物に吸収されるのですぐには効きませんが、化学肥料と違って微生物の餌になります。土づくりには有機質肥料が適しています。

さらに微生物で分解させたボカシ肥

料（米糠、おからなどの有機質資材を混ぜて発酵させた肥料）にしておけば、より効果的です。有機質は生物由来なので、植物の必要な成分がバランスよく含まれています。養分欠乏などが起こりにくい利点があります。

ボカシ肥料の用意

ボカシ肥料は市販もされていますが、自分で入手しやすい有機質資材を配合して発酵させてつくることができます。

ボカシ肥料

原料の例

米糠、油粕、魚粉をそれぞれ20kgずつ、微生物の餌として粉末黒砂糖を1kg、天恵緑汁（ヨモギと粉末黒砂糖を漬け込んで抽出）などの天然微生物100mℓ、水25ℓ前後です。

ボカシ肥料のつくり方

ヨモギで仕込んだ天恵緑汁

先に乾き物の原料を混ぜ合わせたのち、水で薄めた天恵緑汁に水を加えながらよく混ぜ合わせます。水分がなじんできたら、手で握ってみます。握って固まり、突けば崩れるぐらいの水分量になったら密閉できる容器に入れ、嫌気性発酵をさせます。夏なら2週間程度、冬で1～2か月程度で発酵が終わります。

乾燥貯蔵

発酵が終わると香ばしい匂いがして、空気に触れた部分に白いカビが出るのができあがりの印です。

そのまますぐに使うことができますが、長期保存するためには水分を飛ばしてサラサラになるまで乾燥させます。ハエやアブが産卵するとウジがわくので、防虫網などで覆って乾燥させます。乾燥しても微生物は一時的に休眠します。土にまいたら、すぐに微生物は活動し始めます。

天恵緑汁の例

天恵緑汁とは、身近にある植物の葉緑素などを黒砂糖の力を借りて抽出した酵素液。趙漢珪《チョウハンギュ》氏が日本および韓国で打ち出した自然農業の基本資材の一つで、誰でも簡単につくることができ（**図４―１**）、作物や家畜を健康に育てるために使用します。

基本となる植物はヨモギ、セリ、クレソン、タケノコなどですが、ヨモギを素材にするのが一般的です。

図４－１　天恵緑汁のつくり方のポイント

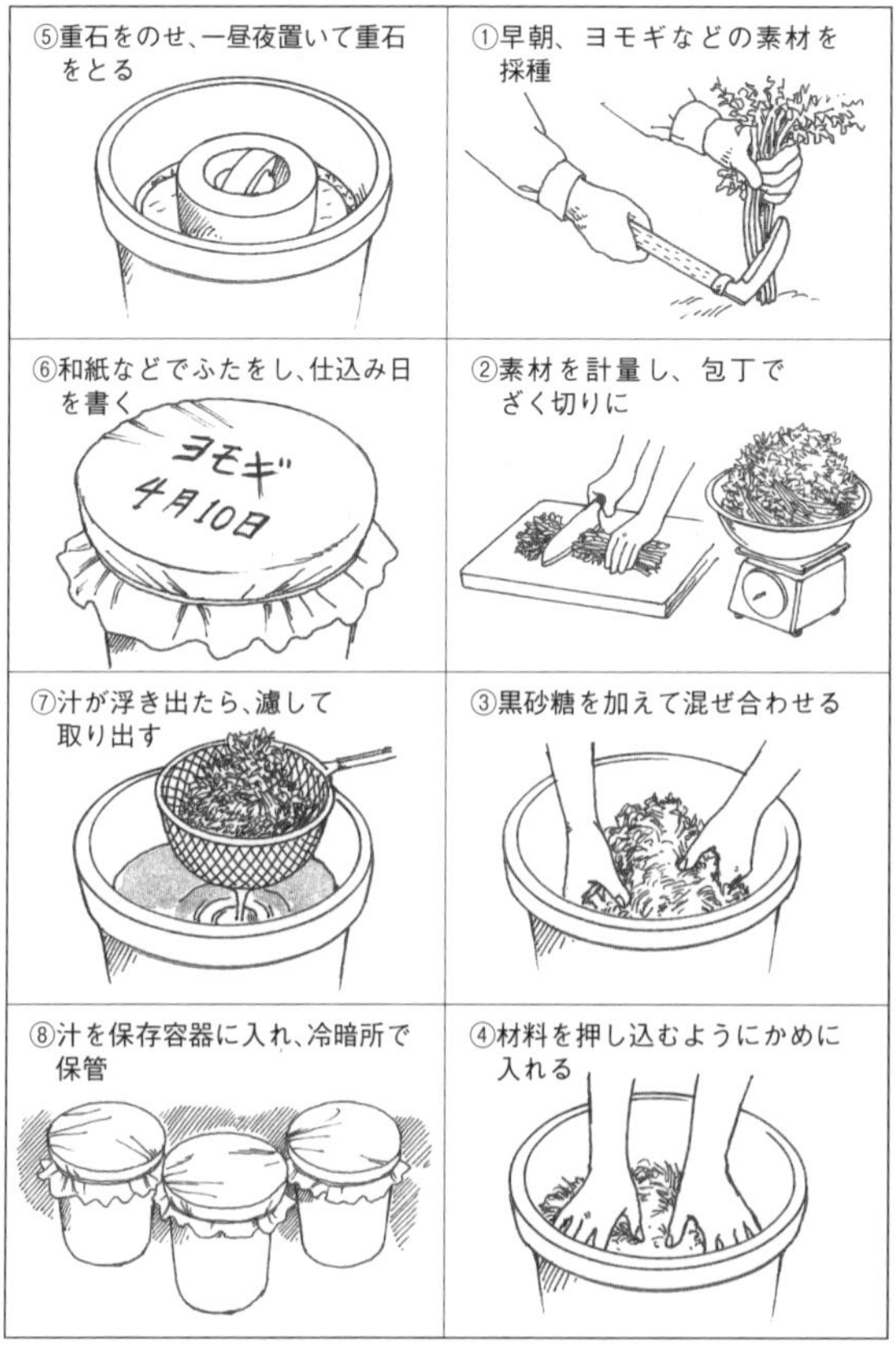

①早朝、ヨモギなどの素材を採種
②素材を計量し、包丁でざく切りに
③黒砂糖を加えて混ぜ合わせる
④材料を押し込むようにかめに入れる
⑤重石をのせ、一昼夜置いて重石をとる
⑥和紙などでふたをし、仕込み日を書く
ヨモギ
4月10日
⑦汁が浮き出たら、濾して取り出す
⑧汁を保存容器に入れ、冷暗所で保管

注：『はじめよう！自然農業』趙漢珪監修、姫野祐子編（創森社）

天恵緑汁のつくり方

４～５月、勢いよく伸び始めたヨモギの新芽を夜明け前に摘み取ります。摘み取ったヨモギは包丁で２㎝ぐらいに切り刻みます。

ヨモギの重さの半分の重さの粉末黒砂糖と混ぜ合わせます。かめや漬け物容器に入れて漬け物のように重石をします。

約１週間後、ヨモギの水分やエキスが黒砂糖の浸透圧で出て、黒褐色の液体が取れます。それが天恵緑汁です。とてもよい香りがします。ペットボト

表面が浮いて白いカビが出るようなら、材料をひっくり返して液に浸るようにする

ペットボトル、ビンなどの保存容器に移す

ルに入れて日陰（冷暗所など）で常温貯蔵できますが、初期は発酵が激しいのでふたは、破裂してしまうことがよくあります。緩めてガス抜きができる状態にしておきます。紙や布などでふたをしてもよいでしょう。

天恵緑汁の使い方

５００倍に薄めて作物とそのまわりに散水、または噴霧すると、善玉菌優勢な環境になり、病気になりにくく、植物が丈夫に育ちます。ボカシ肥料づくりでは天恵緑汁に含まれる天然微生物が発酵の素になります。

ボカシ肥料の施肥

ボカシ液肥の施肥

ボカシ肥料をバケツなどに入れて10倍の水に溶かして2～3日後、上澄液が液肥になります。１００倍程度に水に薄め、灌水代わりに散水すると即効で効きます。上澄みの液肥の原液は、ペットボトルに入れて常温で保存できます。

ボカシ肥料の施肥

植えつけ後2～3年は、株まわりにボカシ肥料を一握りずつ振りかけます。植えた年には、春から2か月置きぐらいに夏まで与えます。

数年後からは株間に一握り春にやる程度で十分です。ブルーベリーの多肥栽培は、花が咲いても結実しなかったりします。成木になって草生法であれば、もう肥料は不要です。

栄養診断（葉と土壌の分析）

栄養診断の方法

有機質肥料を施していると養分欠乏は少ないのですが、ラビットアイなどではしばしば葉が葉脈だけを残して葉緑素が抜けるクロロシス症状が出ることがあります。

栄養診断には、葉分析と土壌分析（診断）の二つの方法があり、いずれも栽培面積が広い経済栽培の場合には必要な管理法です。分析のためには葉や土壌資料の採取法、資料の調整、各種成分の分析装置が必要です。

栽培者個人による分析は、困難であると思われます。栄養診断の必要性も含めて、地域の農業改良普及センターやＪＡ（農業協同組合）などの指導機関に相談されることをすすめます。

主要成分の欠乏、過剰症状

　葉に現れた主要な成分の欠乏、過剰症状は、実験によって明らかにされています。ここでは実際、栽培園で最も多く見られる鉄の欠乏と窒素の多少による事例を二つあげます。

鉄（Fe）

　Fe欠乏症は、とくにラビットアイに多く発現します。一般的な症状は、主脈や側脈が緑色を呈する葉脈間クロロシスで、クロロシスの部分は、明るい黄色からブロンズ色まで多様です。新梢の若い葉によく発現しますが、葉の大きさは正常葉と変わりません。

土壌pHが高い土壌に多く見られる鉄欠乏症状

　葉中Feの適量レベルの範囲には、幅があります。それは、Fe欠乏症状は、土壌中の絶対的なFe含量の不足によるよりも、むしろ高い土壌pH、高い葉内のpHレベル、高濃度のPやCa、重金属によるFe吸収の抑制などによって発現するからです。

　Fe欠乏症状が、春枝が完全に展開した以降でも発現している場合には、まず、硫酸アンモニア肥料を施用して土壌pHレベルを下げ、症状の回復程度を観察します。欠乏症状が硫酸アンモニアの施用で回復した場合、原因は高い土壌pHレベルに起因しているため、改めて硫黄を散布します。

窒素（N）

　健全な成長のために適量な葉中N濃度は、ノーザンハイブッシュが1・8～2・1%、ラビットアイが1・2～1・7%です。N施用量が適切な場合、葉は濃緑色を呈して大きく、新梢伸長が適度で、樹は健全な成長を示します。

　一般に、N肥料は多用される傾向があります。多肥によって、旺盛な新梢が多数発生し、大きくて暗緑色の葉を着け、新梢伸長の停止期が遅れます。その結果、花芽の形成は少なくなり、果実の成熟が遅れます。また、枝の硬化が不十分なまま冬季を迎えて、凍害を受ける危険性が高まります。

　逆に、N施用量が少ない場合には、葉中N濃度が欠乏レベルになり、新梢の発生数は少なく、長さが短くなります。つまり、樹勢が弱くなり、また果実収量も少なくなります。N欠乏症状は、新梢の下位葉が全体的に小さくて、黄緑色となります。

水分管理と灌水のポイント

水分の働き

水は植物体で最も多い構成物です。重量で示すと、ブルーベリーの枝では70％、葉では90％以上、果実では85％が水分です。

ブルーベリーは冠水には弱いのですが、水がないと水分ストレスなどによって順調に生育しません。水がたっぷりあって、根に酸素が行き届く環境が理想的です。

水分不足（土壌の乾燥）による果実のしおれ（鉢植え樹の観察）

ブルーベリー樹は繊維根で浅根性のため、土壌水分の不足（土壌の乾燥）に敏感に反応します。土壌水分が不足すると、根の吸水が困難になって各種の生理作用（活動）が抑制されて樹の成長が悪くなり、果実収量や品質が劣るようになります。

果実生産のために必要とする水量は、通常、降雨と灌水によってまかなわれています。日本の場合、成長期（4月から10月まで）の降雨量は多いのですが、期間的にも量的にも定期的ではありません。このため、時期によっては、適量の水を補充する灌水が必要です。

しおれた果実だったが、灌水2時間後にはしおれが回復

水不足で葉がしおれる

灌水適期と灌水量

灌水の適期　以前は真夏になると若い新梢の先がしおれたり、うなだれたりすることがありましたが、草生法に

表4－3　灌水量の差異がラビットアイ「ティフブルー」の樹高および果実収量に及ぼす影響

処理（1週当たり灌水量 ℓ）	樹高（cm）							果実収量（kg/樹）					
	1986年	1987年	1988年	1989年	1990年	1991年	1992年	1988年	1989年	1990年	1991年	1992年	計
3.3	71	103	125	149	173	188	223	2.36	2.15	6.23	5.78	7.18	23.25
6.6	78	122	139	171	195	201	240	2.64	2.96	7.24	7.44	8.86	29.14
13.2	76	121	143	176	211	218	254	3.37	3.69	8.20	6.79	9.79	31.74
26.4	87	128	141	180	212	216	249	3.23	4.04	90.2	8.06	9.80	34.15
有意差	*	*	NS	**	***	**	*	NS	***	***	*	*	***

*5%レベル、**1%レベル、***0.1%レベルで有意、NSは有意差がないことを示す
（Spiers 1996）

表4－4　灌水がラビットアイ「ティフブルー」の樹勢、葉の症状、樹高および果実収量に及ぼす影響

処理	樹勢[1]	クロロシス（葉の症状）[2]		樹高（cm）	果実収量（g/樹）	
	1981～82	1979～80	1981～82	1982	1981	1982年
灌　水	4.4a[3]	3.4a	4.4a	160a	254a	2872a
無灌水	1.7b	3.1a	1.2a	30b	5b	6b

1）肉眼による評価：0＝枯死、1＝樹勢が最も弱い、5＝樹勢が最も強い
2）クロロシスは葉の退緑、白化の症状。肉眼による評価：0＝枯死、1＝最もクロロティック、5＝最も軽いクロロティック
3）異なる英文字間に5%レベルで有意差がある
（Spiers 1983）

切り替えてからはそのようなことはなくなりました。鉢植えなどでは、たびたびしおれたりすることが起こるので灌水の判断の目安になります。

もっとも人間の目や手による感覚は、土壌表面の色、土壌を手で握ったときの感触、枝の先端葉のしおれ程度などから土壌水分含量を判断するものです。とくに葉のしおれから判断した場合には、すでに樹は水分欠乏の状態にあります（**表4—3、表4—4**）。

海外の大規模栽培園では、土壌水分計などによる測定結果から灌水を判断しているようですが、日本では測定機器の利用は少ないようです。

灌水の方法

灌水方式には、普通栽培の場合、大別してスプリンクラー方式（散水式）、点滴灌水、手灌水があります。

どの方法を選ぶかは、水源の確保

スプリンクラー灌水

スプリンクラー装置（稼働）

チューブ灌水

（園の近くに大きい沼、池、泉などがあるか）、くみ上げ能力、栽培面積などを検討して決めます。

灌水の量　健全な成長を示している樹の場合、樹齢別に、夏季、１日、１樹当たりの灌水量を基準とする簡便な方法がすすめられています。

•苗木の植えつけ後１～２年間の幼木期には２～３ℓ（５日間隔で10～15ℓ）とする。

•３～７年生の若木では、４～５ℓ（５日間隔で20～25ℓ）。

•７～８年生以上の成木では、９ℓ（５日間隔で45ℓ）。

灌水の間隔　灌水の間隔は、５日置きとします。間隔が短いと、水量が多過ぎて土壌が過湿になり、根腐れ病の発生を助長し、養分の溶脱をもたらして、樹の成長、土壌の性質に悪影響を及ぼします。逆に、間隔が長過ぎると、土壌水分が不足して乾燥害を招きます。

梅雨期間中や降水量の多かった旬には、灌水を控えるか、量を少なくすることはもちろんです。果実の成長期間中、土壌が乾燥して果実に軽いしぼみが発現した状態のときに灌水した場合、ラビットアイ樹（枝）ではしぼんだ果実は回復するものの、ノーザンハイブッシュでは回復が見られず、果実は、やがて枝とともに枯死することが観察されています。

スプリンクラー散水

スプリンクラー散水は、海外の大規模栽培園では最も一般的です。近年、日本でも取り入れられ始めており、樹上と樹下の二つの方式がありますが、未だ一般的ではありません。

いずれの方式も、地形を選ばずに設置でき、凍害や塩害の防止に役立ち、病虫害防除の農薬散布などにも利用できる点が長所とされています。しかしながら、灌水量の15~20%が直接蒸発してしまい、灌水効果の落ちるのが短所です。

点滴灌水（ドリップ灌水）

ホースで水を与える（手作業）

点滴灌水

点滴方式には、多孔パイプ式とドリップ灌水式がありますが、いずれも樹列に沿って地面に配置しているホースまたはチューブに極細のチューブ（径が0・5~1㎜）を取りつけ、比較的低圧で灌水するものです。チューブ灌水ともいいます。

この方式の長所は、灌水できる範囲が比較的広い、灌水むらが少ない、樹体に直接水がかからないことなどです。

手灌水

この方式は、水源（灌水用の井戸として設置したくみ上げポンプ）からホースを引き、手作業で1樹ずつ灌水するものです。個別のブルーベリー樹の生育に応じ、灌水量を調整できるのが特徴です。

家庭栽培園や規模が小さい園では、雨水をためてタンクからくみ上げ、1樹ずつの手灌水が一般的です。

第5章

ブルーベリー樹の繁殖と苗木養成

緑枝挿しの鉢上げ

繁殖の考え方と苗木養成、生産

苗木の繁殖方法

ブルーベリーの苗木養成は、ほとんどが挿し木育苗です。挿し木には初夏から秋までの緑枝挿しと、落葉後の枝を挿す休眠枝挿しの二つの方法があります。

一方、接ぎ木も繁殖方法の一つです。接ぎ木には地植えの樹を株元で切って接ぎ木する居接ぎのほか、ポット苗に接ぎ木する方法、挿し穂に接ぎ木する方法があります。

緑枝挿し（ノーザンハイブッシュ）

出荷用苗の仕分け作業

登録品種と種苗法

近年、新たに発表されている品種には、多くが増殖について種苗法にもとづく種々の規制があります。

品種登録は、試験研究機関の研究者や生産者が育成した知的財産を守り、育成者の権利を保護することを目的にしています。権利は、登録の日から20年間（永年性作物の場合は25年間）存続します。

日本の農林水産省品種登録では自分で栽培する場合、繁殖は認められていますが、それを他に売ることも無償であげることも禁止されています。

海外パテント（植物特許）の登録品種は、すべての繁殖が認められていません。うっかり繁殖すると罰金が科せられます。

ポット苗

挿し木繁殖法による苗木生産

緑枝挿し法

緑枝挿しは、緑葉を着けているため、葉からの蒸散を抑制し、枯死を防止するため、一般に密閉挿し、またはミスト施設下のミスト挿し（ミスト繁殖）で行われています。枝（穂）の取り扱いには、とくに注意を要します。

緑枝挿しは、春先から初夏までが適期です。採穂の時期と枝の種類、穂の調整法が、休眠枝挿しとは大きく異なります。

密閉挿し

挿し木後、挿し床（箱）をポリエチレンフィルム、ビニール、ガラスなどで密閉して行う挿し木の方法を密閉挿しといいます（**図５―１**）。

緑枝挿しの活着を高めるためには、挿し穂の葉からの蒸散と基部切り口面からの吸水のバランスを保ち、挿し穂のしおれを防ぐことが重要です。

密閉挿しは、ポットを並べた挿し床（箱）上が高湿度に維持され、挿し木後の管理も、初めに十分量灌水しておけば、その後はあまり必要でないため省力的で、安定した活着が得られます。

一般に行われているのは、被覆用の半円のパイプでトンネルをつくり、その上をポリエチレンフィルムで覆って密閉し、さらに黒の寒冷紗を張って遮光する方法です。

採穂の時期と枝の種類

新梢伸長が止まって、先端の葉がいくぶん硬くなった頃が採穂の適期。関東南部では6月下旬～7月上旬にかけてで、サザンハイブッシュでは果実の成熟期間中にあたり、ラビットアイでは果実の成長期間中となります。

挿し穂は、長さが15～20cmの新梢から枝の先端部を6～7葉を着けて採

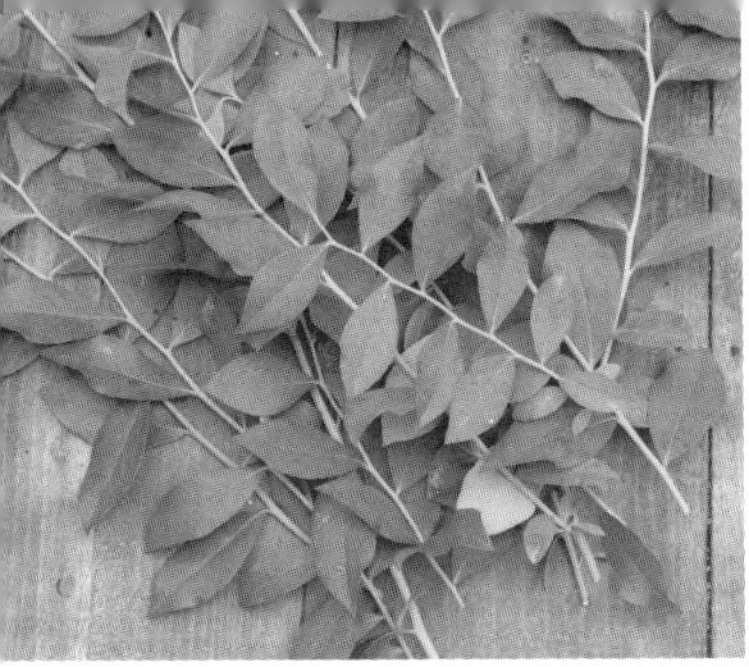

切り取った新梢。熟度がよく揃っている

穂の調製。穂は上部の葉を残し、下部の葉は取り去る

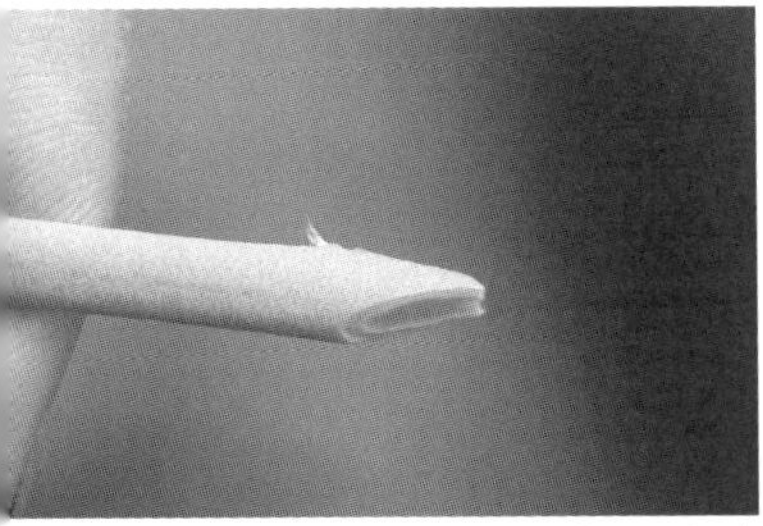

穂の基部を斜めに切り、裏から軽く切り返す

り、穂の乾燥を防ぐため、別に準備しておいた水の入った容器に浸します。品種の混同を避けるため、作業は品種別に行います。

挿し穂の調整、用土

挿し穂は、一般に穂の上部節の葉を2～3枚着け、下部節の葉は除去します。次に、穂の基部はよく切れるナイフ（または剪定ばさみ）で斜めに切り、数mm切り返してくさび形にします。穂の長さは10cm前後になります。

用土はピートモス8、赤玉土2の割合で、容器は直径7・5cmのポットで、休眠挿しの場合と同じ種類のものでよいでしょう。

挿し方は、まず、間隔を5×5cmとし、箸や細い棒を底面まで刺し、穴をあけます。これは、穂の切り口を守るためです。次に、その穴に、葉を取り除いた部分が用土の中に入っている状態まで挿します。挿した後は、穂と用

図5－1　緑枝挿し（密閉挿し）のポイント

挿し床
④密閉状態にする
ピートモス８
＋赤玉土２
②水に浸してから
ポットに挿す

ドームをかぶせる

緑枝挿し３か月後

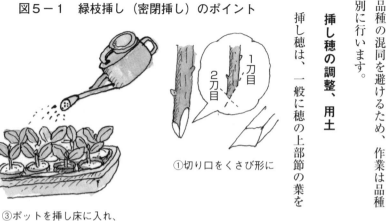

土が密着するように、穂がぐらつかないように注意して、ポットを挿し床に入れ、たっぷりと灌水します。

緑枝挿しの鉢上げ（経済栽培）

発根の状態

鉢増しと鉢上げ

挿してから2～3か月後、新芽が出始めの頃に発根してきたら、同じ用土割合で直径12㎝のポットに鉢増しします。

家庭栽培での鉢上げ

緑枝挿しでも、休眠挿しの場合と同様に鉢上げします。また、施肥、灌水など、苗木として使用するまでの期間の諸管理も休眠枝挿しに準じます。

ミスト挿し

挿し穂がしおれやすい緑枝挿しの場合、着葉した穂が日光の照射する場所にあっても、ミストによって高湿度、温度が低下して好条件が得られ、発根が促進されます。

経済栽培での緑枝挿しは、葉によって蒸散活動が行われているため、ミスト室内で管理します。

ミストのノズルは、120～150㎝間隔が一般的です。時間的な間隔は、タイマーを使って日の出後にスイッチが入り、日没後に切れるように設定。挿し木後2～3週間は5分間隔で、それ以降は15分間隔で、いずれも5～10秒間噴霧される状態とします。

また、葉の光合成活動を損なわず、かつ蒸散活動を抑えるように、遮光が必要です。遮光の程度は、およそ63％が発根に適していたという報告があります。ミスト装置の上部に黒色の寒冷紗を被覆すると、相当程度、遮光することができます。

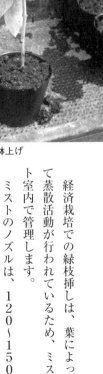

休眠枝挿し法

休眠枝挿しは、まず健全に成長している母樹（母株）から、前年に旺盛に伸長して充実した枝を選び、適期（通常、冬季剪定時）に採取（採穂）し、貯蔵します。次に、春になったら取り出して、準備した用土に挿し、適切な条件下で発根させるものです。発根後、根が十分に成長した後に鉢上げして1年間養成し、苗木として使用します。

採穂の時期と枝の種類

採穂の適期は、葉芽の休眠打破のために必要な低温要求時間が満たされて以降です。一般には、関東南部の場合、2月上旬から3月上旬に行われる冬季剪定の期間中です。

望ましい枝は、太さが10㎜前後で、ムチのように細長い枝（長さが50～100㎝の徒長枝）です（図5―2）。

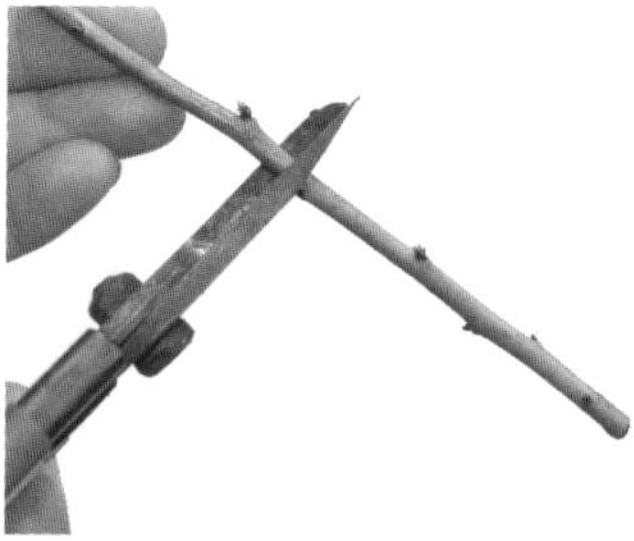
休眠枝を切る

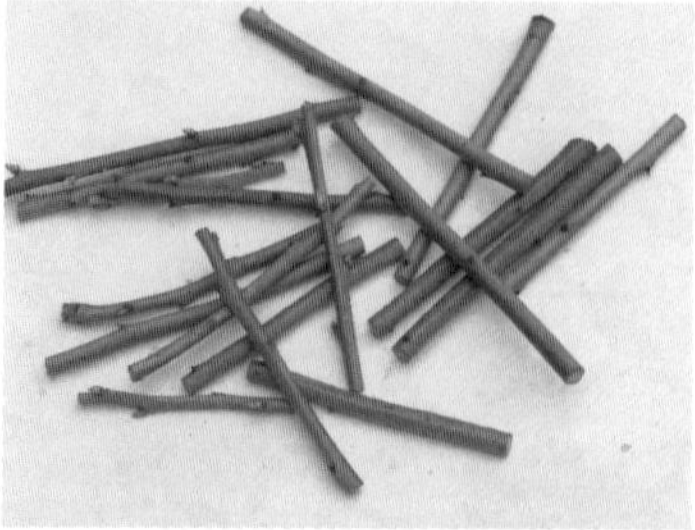
穂木として揃える

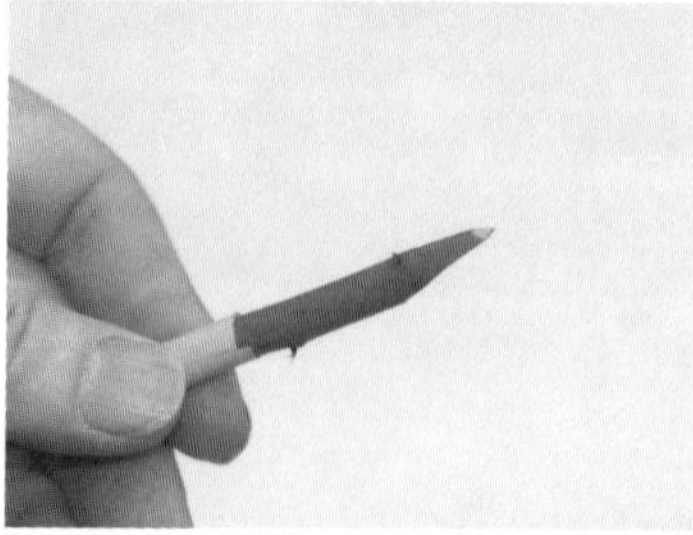
挿し穂をくさび形に

挿し穂の調整、貯蔵

挿し穂の長さと太さは、発根率と発根後の根の伸長に関係しています。一般に、挿し穂は、太さは鉛筆の直径（7㎜）、長さは10～15㎝が適当です。これより細い穂では、発根は良くても発根後の伸長が弱く、逆に、太い穂では発根が遅くなっても発根後の伸長が優れる傾向があります。

休眠枝を挿す

採穂した枝は、まず、上部（先端）の硬化していない部分や花芽が着生している部分を切除します。次に、各枝をナイフ、または剪定ばさみで10～15㎝の長さに切り、さらに下側をくさび形に切ったうえで一定量（枝数）をまとめて、プラスチック容器に入れ、1時間ほど吸水させせます。これらの各過程で、品種が混同しないように注意し

図5－2　休眠枝挿しのポイント

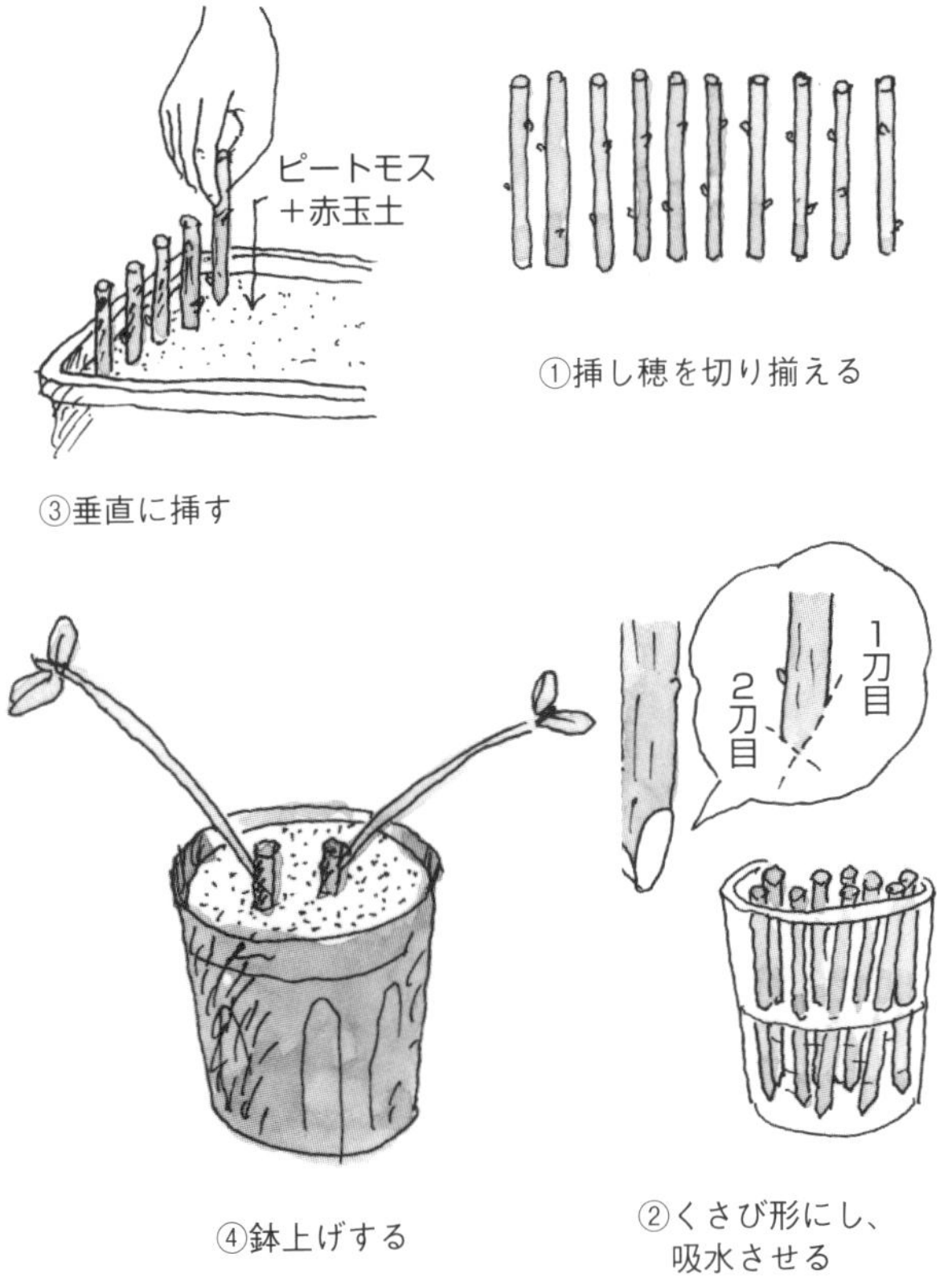
ピートモス
＋赤玉土
③垂直に挿す
①挿し穂を切り揃える
1刀目
2刀目
④鉢上げする
②くさび形にし、
吸水させる

品種がわかるように名札を立てる

て取り扱います。

挿し木の時期、用土と挿し方

挿し木時期は、関東南部では、3月下旬から4月上旬がすすめられます。

挿し木容器は市販の挿し木箱の使用が一般的ですが、用土の深さが10㎝以上になり、底面に滞水しないものであればよく、とくに選びません。また、場所はとりますが、緑枝挿しの場合の容器と同様に直径7・5㎝のポットに1本ずつ挿す方法があります。

用土は水分保持力があり、同時に通気・通水性が良いことが必須条件でピートモス、赤玉土のそれぞれの単用、あるいは両者の混合用土が一般的です。用土は、pHが4・3〜5・3の範

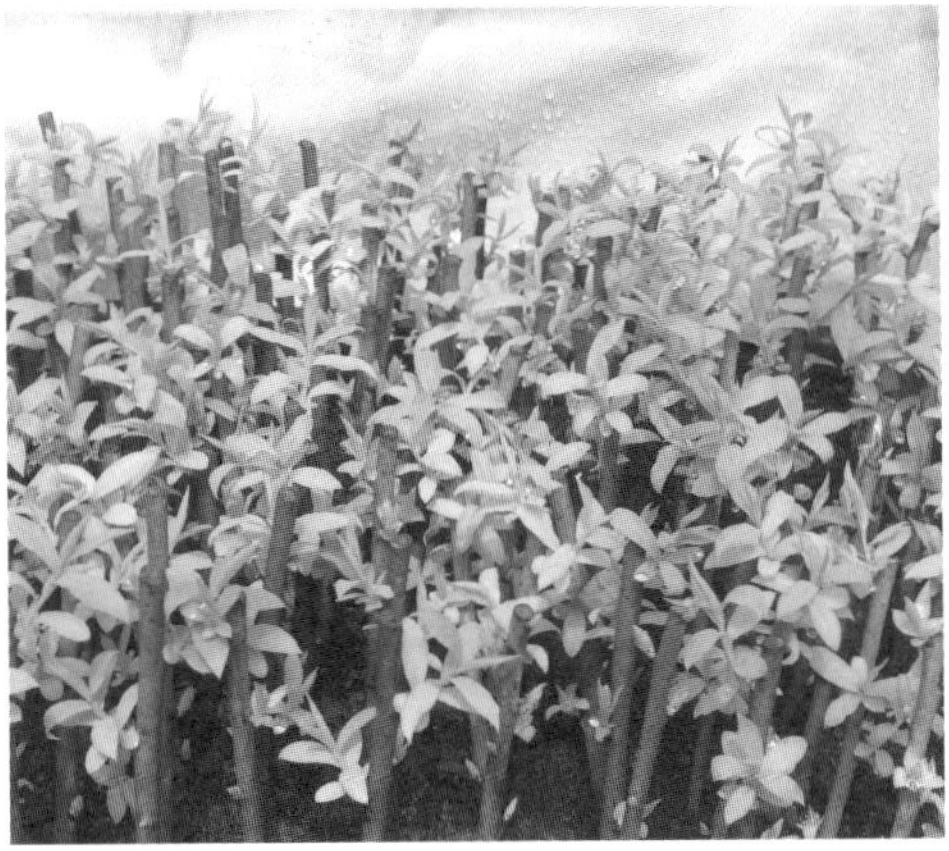
休眠枝挿しの萌芽

囲とします。肥料は、用土とは混合しません。

穂は、約5×5cmの間隔で箸などで穴をあけたところに垂直に、深さは穂の3分の2が用土に入っている状態に挿します。

鉢上げしたものを同じケースに入れる

休眠枝挿しの鉢上げ

挿し床の管理と鉢上げ

挿し床（用土）の水分管理は、ミスト装置の導入がすすめられます。水は3～5分間に6～8秒、穂の上から霧状にかかる状態にします。時間は、発根するまでは、毎日、午前10時から午後5時まで、発根後は午前11時から午後4時頃までとします。

適期の灌水

床土の水分含量は、指の感触で判断することもできます。用土を親指と人差し指で普通の力でつまんだとき、水が滴り落ちるくらいがよいとされています。

3月下旬に挿した場合、1～2週間で葉芽が膨らみ、新梢が伸長してきます。穂木の基部では、まず切断面にカルスが形成され、挿して3～4か月後から発根し始めます。

根量を増やすために、挿し木箱で複数を挿し木した場合は、発根後2～3か月以上経過してから鉢上げします。

鉢は4～5号（直径は12～15cm）のポットを使用し、鉢用土にはピートモスを主体にして、籾殻、赤玉土の混合土がすすめられます。

鉢上げした苗は、戸外で育てます。鉢上げ後約1年間育て、2年生苗として植えつけます。

接ぎ木繁殖と居接ぎのポイント

接ぎ木繁殖法

接ぎ木は、多くの果樹でよく使われる苗木養成法です。

ブルーベリーでは、根の弱いノーザンハイブッシュ「スパルタン」などの品種を丈夫なラビットアイを台木にして接ぎ木すると、自根では栽培しにくかった品種も難なく栽培できるのがメリットです。

近年、園芸店では、接ぎ木苗も市販されるようになっています。

接ぎ木挿し後の成木（ノーザンハイブッシュ）

接ぎ木挿し

ラビットアイを挿し木するときに、挿し穂にハイブッシュを一芽接ぎ木して挿し木をして苗にする接ぎ木挿しという方法もあります。一斉に接ぎ木苗が生産できるメリットがあります。

居接ぎ

他の果樹では高接ぎで品種更新することが多いのですが、ブルーベリーは高接ぎよりも台木を株元で主軸枝全部切って接ぎ木する居《い》接《つ》ぎのほうが、品種の一挙更新はしやすいと思います。居接ぎは据《すえ》接《つ》ぎともいい、台木を掘り上げないで接ぎ木する方法です。

新梢の伸長

接ぎ木挿しの例

ラビットアイの枝に挿し木するときに、自根で栽培しにくいハイブッシュ（「スパルタン」など）を一芽だけ接ぎ木して一挙に接ぎ木苗をつくる方法です。

接ぎ木挿しのコツ

この接ぎ木挿しを行うと根は暑さに強いラビットアイ、実の着く枝はハイブッシュの株になります。

用意するもの

●ラビットアイの枝（台木）
●ハイブッシュの枝（芽を使う枝で穂木）

図５－３　接ぎ木挿しのポイント

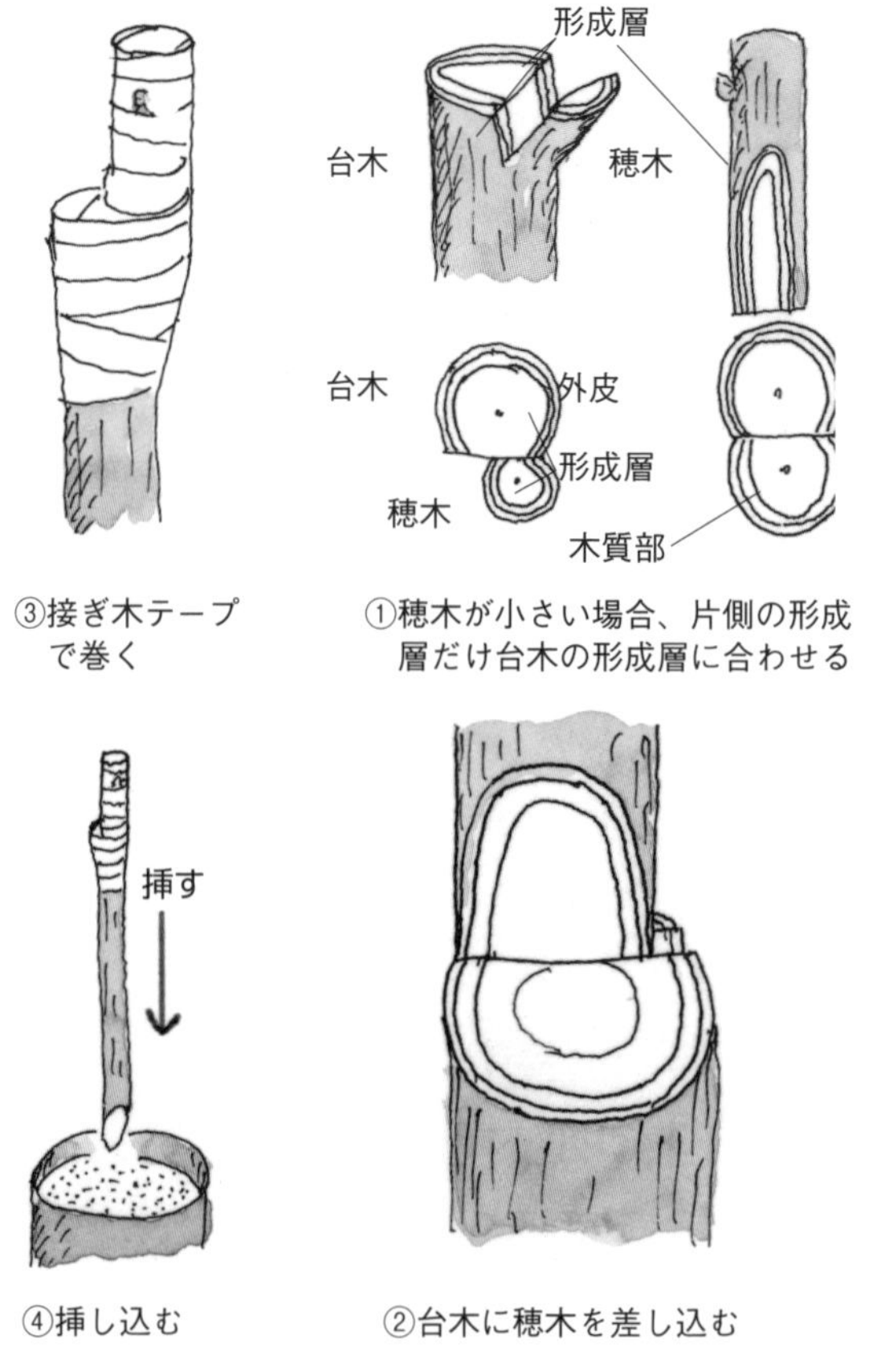

③接ぎ木テープで巻く
①穂木が小さい場合、片側の形成層だけ台木の形成層に合わせる

④挿し込む
②台木に穂木を差し込む

いずれの枝も採取後、ビニール袋に入れて冷蔵庫の野菜室で保存します。
●用具などとしてナイフ（または剪定ばさみ）、接ぎ木テープ（商品名ニューメデール）、挿し木箱、用土

手順

①台木を垂直に立てて樹皮から２㎜ほど内側にナイフを当て、樹皮をはぐ要領で１㎝ほど切り込みを入れる（**図５―３**）。切り込みを入れる前に、台木の芽をすべてそぎ落としておく
②穂木の枝先を一芽だけ残し、斜めに切り落とし反対側も切り落としてくさび形にし、短く切り詰める
③台木の切り口に、形成層を合わせるように穂木を差し込み、芽も含めて接ぎ木テープで巻いて固定する
④10分ほど③を吸水させ、用土を入れた挿し木箱に挿す

慣れるまでは、多めに挿したほうが無難です。当初は活着率が低かったのですが、現在では成功率が80％以上にアップしています。

接ぎ木挿し後の管理

日の当たる場所に置き、毎日水を欠かさずにやり続けます。

よく台木の芽が復活して伸びてくることがあります。見つけたら全部取り

ポット苗への接ぎ木例

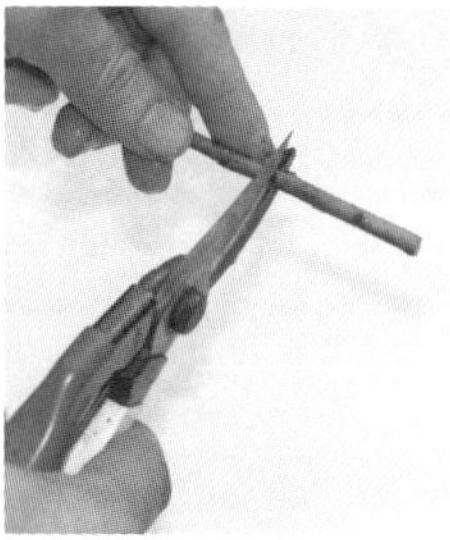
1. 挿し穂を切り揃える

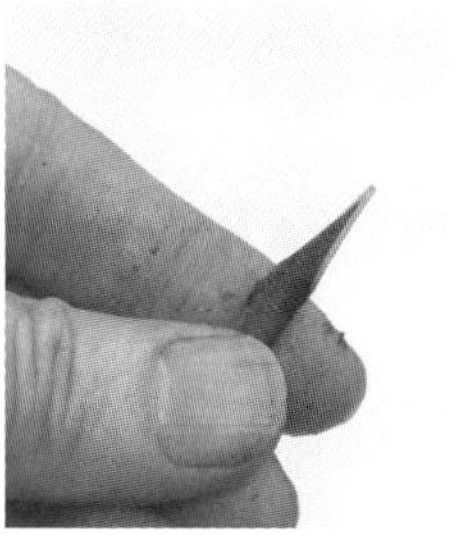
2. 基部をくさび形に

3. 台木に切り込みを入れる

4. 穂木を台木に挿す

5. 接ぎ木テープを巻く

6. 癒合剤を塗る

接ぎ木１か月後

２か月後の接ぎ木部

除きます。

　接ぎ穂の芽が伸び、一度止まりますが、３か月もすると２次伸長が始まります。そのときは発根しており早めにポットに移植し、苗木養成を始めます。

居接ぎの例

　居接ぎは台木となるラビットアイの成木にハイブッシュを接ぎ木すると、台木に馬力があるため、活着すればその年に１ｍ近く枝が伸び、その先には花芽まで着きます。翌年から収穫もできるため、効率的な品種更新ができます。

　筆者はノーザンハイブッシュの「スパルタン」を数種類のラビットアイに接ぎ木した経験があります。とくに親和性も問題なくすべて活着し大きく成長して、毎年枝もたわわに収穫ができています。

居接ぎのコツ

居接ぎをするときは、ラビットアイの台木の地上部10㎝ぐらいを残して全部の枝を切ります。主軸枝はたくさんあるので、そのすべてに接ぎ木します。接ぎ木も確実に活着するものではないので、ある程度数打てばということになります（図5—4）。

切り株に切り出しで切り込みを入れ、穂木は一芽だけつけてくさび状に切って形成層を合わせて差し込みます。形成層は、左右どちらかの片側だけ合っていれば活着します。差し込んだとき、グラグラしているようでいけません。

しっかり固定されているのを確認したら、接ぎ木テープを引っぱり、伸ばしながら下から接ぎ穂の芽までを包み込むように巻いて固定します。

接ぎ木テープは引っぱることで粘着性になるので作業しやすく、また、取り外すことなくそのままにできます。1年後には黒く風化するので手間いらずです。

太い切り株には、1本でなく複数の穂木を接ぎ木することができます。株数が多い場合は、接ぎ木テープよりはむしろビニールテープで周囲をおさえ、切り株の断面は癒合剤か木工用ボンドを塗ってしまうほうが作業は楽です。

図5－4　居接ぎのポイント

①切り株に若い枝を接ぐ

②接ぎ木テープで固定

③活着後、枝が伸びる

接ぎ木後の管理

接ぎ木後に大事な作業が二つあります。一つは必ず出てくる台芽の除去です。そのままでは台木のほうが旺盛に伸び、接ぎ木した芽が負けてしまうからです。

もう一つは、接ぎ木した品種がある程度伸びたときに強い風が当たると、肝心の接ぎ木部分からポッキリ折れることもあります。そのため、支柱を立てて枝を支える必要があります。

第6章

病虫害・鳥獣害・気象災害と対策

葉脈などが退緑化したクロロシスの症状

主な病害の症状と防除法

病気の発生

ブルーベリーの葉、枝、花、果実、根など各器官は、各種の病気や害虫の害を少なからず受けています。とくに、栽培規模の大きい経済栽培園では、長年の間に病原菌や害虫の密度が高まっています。

このため、防除管理なくして樹の健全な成長を保持し、良品質の果実を安定的に生産することは、非常に困難になりつつあります。

ここでは、各地の経済栽培園や小規模な園でも注意が必要な病気を取り上げ、発生、症状、防除法について解説します。

灰色かび病と見られる症状

灰色かび病に感染した果実

花・枝・葉の症状

花に加害

灰色かび病

病原菌　日本の各種果樹に見られる灰色かび病菌と同属。

発生　ブルーベリーでは、開花時期に湿度が高い場合、また曇天が数日続いた場合などに、花と果実に多く発生します。

症状　花の場合、発生した花は褐色になり、霜で焼けたような症状になります。花は互いにくっつき、ほこりのような灰色の菌糸で覆われます。

湿潤な天気が長く続くと、若い枝や葉にも感染します。感染した小枝は、褐色から黒色に変わり、さらに黄褐色あるいは灰色になり、やがて枯れてしまいます。

花が褐色になり、菌糸で覆われる

収穫果では感染した果実がわずかに萎縮してしわが寄り、表面に分生子《ぶんせいし》（菌類の胞子の一種）の固まりをつくり、果実の商品性はまったくなくなります。

防除　防除に最も効果があるのは、適切な剪定です。樹冠内部の混雑した枝を切除して空気の流れを良くすると、花の周囲の湿度が低下し、降水後の乾燥を早めるため、菌の活力が妨害されます。

枝に加害

枝枯れ病

病原菌　ウメ、ナシ、ブドウなどの枝枯れ病、リンゴ、カキの胴枯れ病菌と同属。

発生・症状　ブルーベリーでは、比較的温暖な地方で多く発生します。新梢にのみ感染し、感染後1～2週間のうちに枝上に小さな赤い部分がつくられ、4～6か月以内に円錐状になり、その後枯れます。

防除　この菌は、枯死した枝で越冬し、春から初夏の間に胞子を出して感染します。胞子の発芽には25～28℃の高温が適しているため、被害は暖地で多くなります。適度の剪定と枯れ枝の除去で、樹冠内部の風通しを良くすることが重要です。

葉に加害

斑点落葉病

病原菌　菌によるもので、リンゴ斑点落葉病、ナシ黒斑病、モモ斑点病と同属の菌。

発生・症状　ブルーベリーでは、葉と果実に感染します。葉の斑点は、径5～6㎜の赤褐色で丸いあるいは不規則な形を示し、周囲は赤色です。斑点の大きさは湿度によって変化し、多湿条件下では大きく、乾燥状態では小さくなります。葉で激発すると早期落葉を起こし、果実の肥大を阻害します。

果実腐敗症は、成熟前の果実に発生するのが特徴で、果実の花落ちの部分に、暗緑色のカビが発生します。

防除　菌の発育は多湿条件下で促進され、最適温度は、葉の斑点病では20℃くらいです。果実腐敗症では28℃くらいです。果実が過熟にならない段階で収穫し、収穫後はすみやかに低温状態にすることで、発生を抑えることができます。

果実の症状

果実に加害

マミーベリー（モニリア）の症状

果実が腐敗

新梢に発生したモニリア病と見られる症状

マミーベリー

病原菌　各種果樹の灰星病、およびリンゴのモニリア病と同属の菌。

発生　ブルーベリーでは、果実（果実腐敗）と新梢に発生します。

症状　果実腐敗（フルーツロット）は、果実が成熟段階に入り、果色が青色に変化するまで現れません。感染した果実は、〝マミーベリー〟と呼ばれ、白色がかったピンク色あるいはサーモン色を呈してしなびています。果実はやがて落下します。

被害果を半分に切ってみると、果実内部に菌が繁殖していることが観察されます。

新梢に感染するシュートブライトは、発芽後数週間してから発現しますが、症状が目立たずに見落とすことがあります。湿度が高い場合に発生しやすく、感染した新葉や新梢はしおれ、暗褐色に変化してすぐに枯れます。枯れた部分には、明灰色あるいはクリーム色の粉末状の組織が形成されます。

防除　花や葉は分生子によって、新梢は子嚢《しのう》胞子（子嚢の中にできる有性胞子）によって感染します。このため、防除の基本は、子嚢胞子の発生を妨害して、葉や新梢への感染を防ぐことです。

根の症状

根に加害

根腐れ病

病原菌　ナシ、ビワ、リンゴなどの疫病菌と同属。

発生・症状　ブルーベリーでは、初夏の頃に葉が黄化、赤褐色化し、ときには葉縁が焼けた症状を示します。細根にネクロシス（壊死）が見られ、新梢伸長が悪くなり、さらに症状が進むと根は腐敗し、樹が矮化し、数年以内に樹全体が枯死します。

防除　水媒伝染性の強い土壌病害のため、とくに排水不良園や過湿土壌で多く発生します。

防除のカギは、排水性、通気性・通水性の良い土壌に植えつけることと、適切な水管理にあります。

主な虫害の種類と防除法

主な害虫の種類

主な害虫はイラガ、マイマイガ、ミノムシ、ゴマダラカミキリ、カメムシ、カイガラムシ、コガネムシ、ケムシ、ハマキムシなどです（**図6―1**）。

葉の被害と対策

葉を食う虫はイラガ、マイマイガ、ミノムシ、コガネムシ、ハマキムシなどで見つけしだい捕殺します。

イラガ類　とくにイラガの幼虫は、しばらく集団でいるので見つけたら、まとめて退治できます。ペットボトルの入り口をマイマイガの幼虫の尻に当てると自分でペットボトルに飛び込むので、いちいち潰さなくても、そのま

葉を食害するイラガ類の幼虫

イラガ類のまゆ

図６－１　ブルーベリーの主な虫害の発生暦　関東地方以北基準

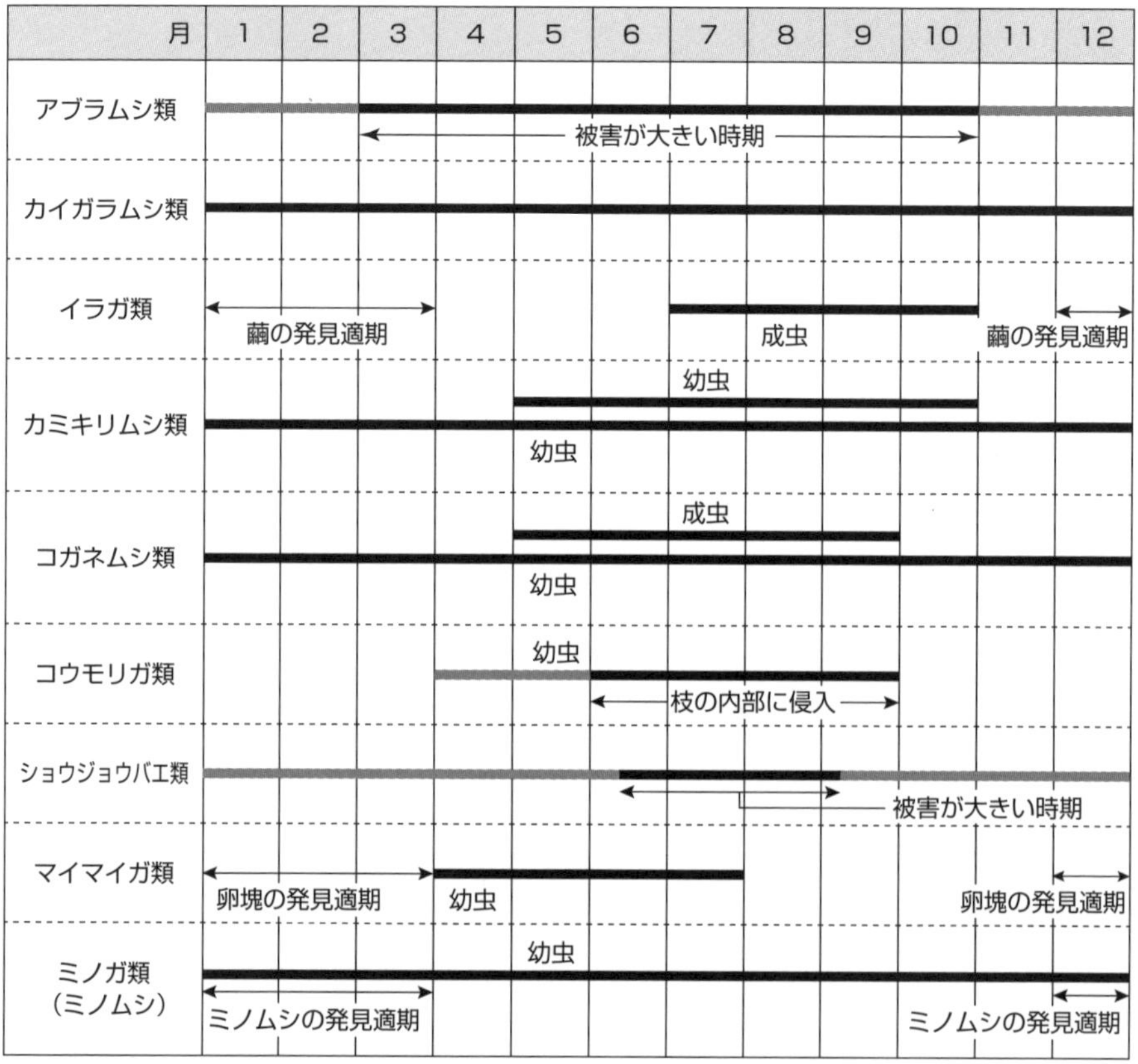

注：『12 か月栽培ナビ⑤ブルーベリー』伴琢也著（NHK 出版）抜出

まふたをすれば退治できます。

コガネムシ類　葉ばかりでなく、根も食害します。コガネムシもペットボトルにじょうごを差し込んでたたき落として捕まえます。

枝の被害と対策

カイガラムシ類　枝にへばりついて吸汁するのは、カイガラムシです。見つけしだい、歯ブラシなどでかき落とすか枝ごと切って退治します。

枝にへばりつくカイガラムシ

ケムシ類の幼虫

コガネムシの成虫

マメコガネの成虫

葉の上のハマキムシ類

コガネムシの幼虫

ハマキムシにより、葉が巻かれた状態

コガネムシの幼虫による根の食害

アブラムシ類　1年を通して発生するアブラムシは、新梢の先端の被害が大きく、新葉の展開不良を起こしたり、吸汁に伴うウイルスを拡散したりします。見つけしだい、歯ブラシなどを使って除去します。

カミキリムシ類　ゴマダラカミキリは幼虫が樹の中に入るので株元に木く

ミノムシによる葉の食害

ミノガ類は蓑の中で越冬

ずが出てくるまで気づきませんが、幼虫が侵入した主軸枝は、ほとんどが枯死します。被害部を見つけたら、孔口から内部に細い針金を挿入して幼虫を突き刺します。また、6月頃に成虫を見つけたらすべて捕殺します。カミキリムシはハイブッシュに寄生しますが、ラビットアイに接ぎ木したハイブッシュには入らないようです。

ゴマダラカミキリの成虫。新梢の表皮を食害する

カミキリムシによる主軸の食害（切断面）

果肉中のオウトウショウジョウバエ

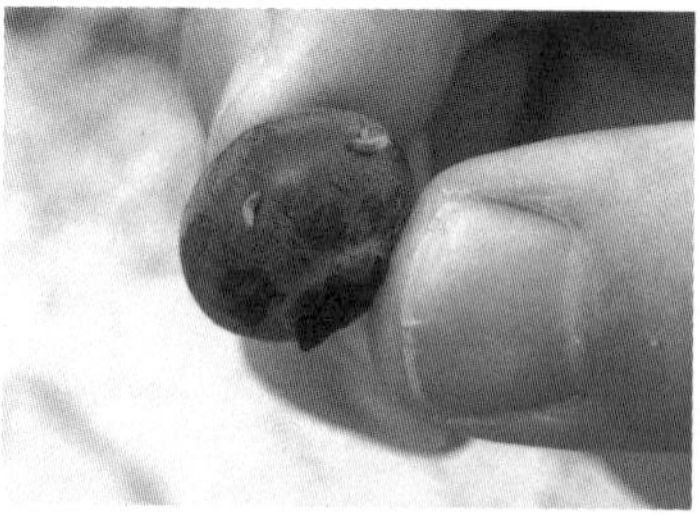
穴からはい出した果面上の幼虫

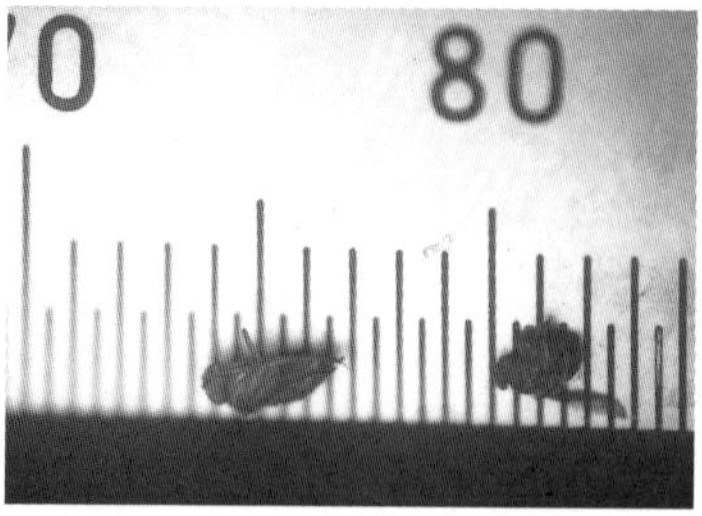

オウトウショウジョウバエの成虫

果実の被害と対策

ショウジョウバエ類　収穫前から寄生が始まり、多くは成熟果に産卵します。孵化幼虫は果肉を食害し、表面に呼吸する穴をあけ、果汁がしみ出してきます。対策として、成熟果を取り残さず、障害果は摘み取り、園地の外で適切に処分することによって被害を食い止めます。

カメムシ類　カメムシは、熟した果実を吸汁します。吸汁された果実は容易に潰れるので、収穫時には取り除きます。カメムシもじょうごを差し込んだペットボトルで捕獲します。

防除にあたって

化学的防除　化学的防除ですが、ブルーベリー栽培では主要な害虫に対し

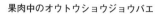

て法的に認められる各種殺虫剤があります。

物理的防除　物理的防除法として捕殺・除去したり、園地への防虫網の設置などがあります。害虫を見つけたら、できるかぎり刺殺したり捕殺したりするのがいちばんです。

生物的防除　生物的防除として、天敵を増やすことも重要です。筆者の園ではカマキリを大事にしています。剪定時に見つけた卵はまとめてとっておくと、４月になって子カマキリがいっぱい孵化します。小さいうちはアブラムシなどを食べているようですが、大きくなるに従い、カメムシやバッタなどたくさんの害虫を食べているのを見かけます。アマガエルなども樹上の害虫をかなり食べてくれます。

なお、天敵には、捕食者、捕食寄生者、寄生性線虫、病原微生物があります。

鳥獣による被害と対策

鳥害の特徴と対策

果実が熟すとヒヨドリのほか、スズメ、ムクドリ、カラスなどが集団で果実を食べにきます。

防鳥テープを張り巡らしたりして視覚による追い払い法がありますが、鳥は学習能力が高いため、そのうち忌避効果は弱まります。

ずばり防鳥網を張るのが、鳥害防止にはいちばんです。５月になったら防鳥網でブルーベリー園を覆います。

園全体を防鳥網で被覆し、鳥を近づけない方法が一般的で、最も効果があります。

経済栽培園では、通常、園全体を２m前後の高さに、８～16㎜目の網（ネット）で覆っています。15㎜目のブルーベリー専用の防鳥網も出まわってい

花を食べるヒヨドリ

ワカケホンセイインコが花をつつく

ます。網は、一定間隔で打ち込んだ支柱（単管パイプなど）と、縦横に張った架線上にかぶせます。また、網を樹列に沿って樹上に直接かぶせる方法もあります。

家庭で育てている場合は、成熟期に入る前に、樹冠の中心付近に、樹高より少し高いポールを立て、市販の防鳥ネットで樹全体を被覆する方法がすすめられます。

被覆期間は収穫期間中のみとし、収穫終了後は取り外して、園内に鳥類の飛来を自由にさせます。そうすると、秋から翌年の収穫始めまでは、各種の害虫を捕食してくれます。

枝に止まり、実を食べるヒヨドリ

スズメによる食害

実をつついて食べるメジロ

経済栽培園では、一般に8～16㎜目のネットを使用する

イノシシ対策は、園の周囲を鉄製のフェンスなどで囲むのが効果的

獣害の傾向と対策

獣害も問題です。獣害は地域、立地条件によって被害の程度、種類が異なります。

ハクビシンは、樹に登って果実を食うので枝を折ってしまうことがしばしばあります。シカは春の新芽を食べてしまいます。枝の食害だけでなく、枝折れの被害も受けます。

そのほか、イノシシによる株元の掘り起こしによる根や樹の被害、サルの食害なども聞いたことがあります。

ウサギの被害は新植の園に多く、芽や枝、樹皮を食べたり、発育枝を噛み切ったりします。

これらの対策として、周囲を獣害防止のしっかりした柵や強い金網などで囲うことが重要です。

強風害などの気象災害と対策

強風害と防風対策

ブルーベリーは、成木になるまでは強風で簡単に倒されてしまうことがあります。植えて間もない初期生育時には、支柱を立てて倒伏を防止します。周囲に防風網（網目3㎜ほど）の塀をつくるのも効果的です。

9～10月は台風の季節です。台風の強風による被害は各地で見られます。被害の様相は、落葉、新梢や旧枝の折損、樹の倒伏など、さまざまです。樹が倒伏した場合（とくに倒伏が多い場合）には、栽培を継続するかどうかといった決断を迫られることもあるでしょう。

地植えの場合、ブルーベリーのほかに数種の高木樹（ブルーベリーよりも高木）が植えられている場合には、周囲の樹木が防風の役目を果たしてくれます。樹木を植えていない場合には、樹冠の中心部に支柱（パイプ）を立て、枝を結束して、枝折れや樹の倒伏を予防します。

園全体を防鳥ネットで覆う

晩霜害。開花時期に低温にあうと、花房ごとしおれてしまう

園の周囲には防風ネットを張る

霜害・雪害・雹害

霜害　霜害は春の芽吹き頃にあうと、芽が枯れたりすることがあります。秋季に低温にあうと、寒さに弱い

部分が凍死したりします。

雪害　雪国では積雪害にあわないように越冬前に樹を束ねて縛る冬囲い作業をするようですが、関東以南の平地ではそこまではしなくても積雪害が出る前に雪を落とせばよいでしょう。雪の重みでブルーベリーの枝が根元から裂けるのを防げます。

雹害　雹害《ひょうがい》は、降雹による被害であり、雹粒（径が5㎜以上、あられは径5㎜以下の氷粒）の衝突によって葉や果実が損傷します。初夏に突然やってきます。もろに遭遇するとめためたに被害を受けます。網目9～12㎜の降雹網、もしくは防鳥網を張っておくと、大きな雹は通過しないので被害を少なくできます。

降雪量が多い地方では、冬囲いが必須

干害と灌水管理

無降雨状態が続き、園地の水分が枯渇して作物の枯死、生育抑制などの被害が発生することを干害といいます。

日本のブルーベリー栽培で干害が問題となる時期は、梅雨終了後の7月中下旬～8月中下旬で果実の成熟期です。対策をして、樹の生育段階（樹齢）に応じて、必要な量を灌水することが重要です。

灌水施設があればそれに越したことはありませんが、干害には草生法が有効であることもつけ加えておきます。地表を覆った草が水分を保持します。

日照過多で水分不足の果粒

第7章

果実の栄養成分・機能と主な利用

機能性果実のブルーベリー

ブルーベリーの栄養成分・機能

果実を含めて食品の働きは1次機能（エネルギー供給源としての栄養機能）、2次機能（味や香り、色など、おいしさを満足させる感覚機能）、3次機能（生体調節機能）から評価されることが一般的です。

果実の栄養成分と機能

栄養成分が豊富

果実に求められる栄養成分は、一般的に無機塩類、ビタミン類、および繊維質などです**（表7—1）**。

ブルーベリーの基礎成分、無機成分、ビタミン類の含有量と栄養機能について紹介します（香川、2009）。

無機塩類

ブルーベリーには、亜鉛およびマンガンが多く含まれています。

亜鉛

亜鉛の含有は、生果100g中0・1㎎です。亜鉛は、人体では皮膚、ガラス体、前立腺、肝臓に多く含まれています。インスリンの構成元素で、また、核酸やタンパク質の合成に関与する酵素をはじめ、多くの酵素の構成成分です。

亜鉛の所要量（食事摂取基準による推奨量）は、成人（30～40歳）の男子では1日12㎎、女子では10㎎とされています。欠乏すると、小児では成長障害、皮膚炎が起こります。成人でも、皮膚、粘膜、血球、肝臓などの再生不良、味覚や臭覚障害が起こり、免疫タンパクの合成能が低下することが知られています。

マンガン

マンガン含量は生果100g中0・26㎎で、果実の種類全体の中でも多いほうです。マンガンは人体内では体内組織、臓器にほぼ一様に分布しています。また、血清中β・グロブリンと結合しています。

マンガンは、骨・肝臓の酵素作用を活性化し、また、骨（リン酸カルシウム）生成を促進する働きがあります。

摂取推奨量は、成人1日、男子で4㎎、女子では3・5㎎です。欠乏すると、骨の発育低下や生殖能力の低下をきたします。成長障害、骨格障害、運動失調などが生じるであろうとされています。

表7－1　ブルーベリー果実の主要な栄養成分

（可食部100g当たりの成分値）

成分および単位			生果	ジャム	乾果
廃棄率		%	0	0	0
エネルギー		kcal	49	181	286
一般成分（基礎成分）	水分	g	86.4	55.1	21.9
	タンパク質	g	0.5	0.7	2.7
	炭水化物	g	12.9	43.8	72.5
ミネラル（無機質）	ナトリウム	mg	1.0	1.0	4.0
	カリウム	mg	70.0	75.0	400.0
	リン	mg	9.0	12.0	36.3
	鉄	mg	0.2	0.3	1.2
	亜鉛	mg	0.1	0.1	0.4
	銅	mg	0.04	0.06	0.23
	マンガン	mg	0.26	0.62	1.94
ビタミン類	A（β - カロチン）	μg	55.0	26.0	72.0
	E（トコフェロール）	mg	2.3	3.1	7.2
	B_1	mg	0.03	0.03	0.12
	B_2	mg	0.03	0.02	0.10
	葉酸	μg	12.0	3.0	13.0
	C	mg	9.0	3.0	0.0
食物繊維	水溶性	g	0.4	0.5	3.0
	不溶性	g	3.7	3.8	14.6
	総量	g	4.1	4.3	17.6

（出所）香川明夫監修『七訂食品成分表』2018などをもとに作成（ただし、食物繊維の生果の数値を除く）

ビタミン類

ビタミンは、人体内ではほとんど合成できないため、健康を維持するためには、食品からの適正量の摂取が必要です。

ブルーベリーのビタミン類の含有量は、他の種類の果実と比較して多いほうではありませんが、葉酸、さらに「抗酸化ビタミン」といわれるビタミンEとビタミンCが含まれています。

葉酸

葉酸はブルーベリーには、生果100g中12μg（マイクログラム）含まれています。葉酸は水溶性ビタミンでビタミンB群に分類され、生体内では補酵素として働きます。とくにビタミンB_{12}とともにメチオニンの生成に関与していて、胎児にとっては重要な栄養成分です。摂取推奨量は、成人1日、男子、女子でともに100g中240μgです。とくに妊婦の場合には、さらに240μgプラスして摂取することがすすめられています。

欠乏すると、巨赤芽球性貧血になり、出血傾向の病気に対する抵抗が減少します。欠乏症は、妊娠中に見られることが多く、また、抗がん剤使用時に多いとされています。

ビタミンE

ビタミンE含量は、生果100g中2・3mg（トコフェロールαとγの合計）です。ビタミンEは、ビタミンAやカロテンの酸化を防ぎ、細胞壁と生体膜の機能維持に関与し、赤血球の溶血防止などの働きをしています。さらに老化防止に役立ちます。

摂取目安量は成人1日、男子で6・5mg、女子で6mgとされ、欠乏すると、神経機能低下、筋無力症、不妊などの起こることが知られています。

ビタミンC

ビタミンCの含有量は、生果100g中9mgです。ビタミンCの生理作用は、コラーゲンの生成や、毛細管、歯、軟骨、結合組織の機能を高めます。また、鉄の吸収やビタミンEの再利用、コレステロール代謝に有効です。

食事からの摂取推奨量は、成人1日、男子、女子ともに100mgです。欠乏すると、壊血病や皮下出血をもたらし、コラーゲンの形成低下、プロリン（コラーゲンの成分。アミノ酸の一種）の水酸化反応を抑制します。

また、骨形成不全、成長不全、チロシン・ドーパ反応系を阻害します。肝臓、腎臓、骨格筋などのカルニチン濃度を減少させます。歯肉色素沈澱症は、ビタミンCの欠乏症です。

ビタミンCは水溶性です。多くの野菜類では、調理によって失われます。生で摂取する果実は、ビタミンCの供給源として優れています。

表7－2　果実類の食物繊維含有量の比較

（g／100g）

果実類	水溶性	不溶性	総量
オクラ	1.4	3.5	4.9
キウイフルーツ	0.5	2.4	2.9
バナナ	0.1	1.6	1.7
リンゴ	0.3	1.0	1.3
ブドウ	0.1	0.3	0.4
ブルーベリー	0.4	3.7	4.1

（注）1）ブルーベリー品種：ティフブルー
2）日本食品分析センター（1995年）
3）『ブルーベリー全書』日本ブルーベリー協会編（創森社）をもとに作成

食物繊維

ブルーベリーの食物繊維含量は、100g中総量が4・1gで果実の中でも多いほうです（**表7—2**）。

食物繊維にはセルロース、ヘミセルロース、リグニンキチンなどの不溶性のものと、ペクチン、植物ガムなどの水溶性のものがあり、それぞれ、効果や生理機能が異なります。

一般に、不溶性食物繊維は、糞便量を増やすなどの便秘解消に効果が大きいとされています。水溶性のものは、小腸で他の栄養素の消化・吸収を抑制したり阻止する働きが大きく、血中コレステロールの低下や血糖値の改善などに効果があるとされています。

目標摂取量は成人1日、男子で20g以上、女子で18g以上とされています。

果実の色素と糖・酸

「濃い青色に象徴される色素、甘ずっぱい風味、ほのかな香り」は、ブルーベリー果実の特徴です。これらの味や香り、色など、おいしさを満足させる感覚機能は、食品の２次機能にあたります。

初夏に収穫したサザンハイブッシュ

成熟果のアントシアニン色素

ブルーベリーという名称は、果色のアントシアニン色素に由来しています。

ブルーベリーのアントシアニン色素は、五つのアントシアニン（シアニジン、デルフィニジン、マルビジン、ペツニジン、ペオニジン）に、三つの糖（グルコース、ガラクトース、アラビノース）がそれぞれ一つずつ結合して、全部で15種類のグルコシド（配糖体）からなっています。

成熟果の果色が青色、明青色、暗青色（紫青色）などに区分されるのは、品種によってアントシアニン色素が異なるからです。

目の働きに良いアントシアニン

アントシアニン色素に、「目にいい」生体調節機能のあることは、広く知られています。「目にいい」ということでの一つの象徴的なエピソードを紹介しましょう。

第２次世界大戦中、ブルーベリージャムが大好物で毎日食べるほどのイギリス空軍のパイロットが夜間飛行、明け方の攻撃で「薄明かりの中でものがはっきり見えた」と証言。その話からイタリア、フランスの学者が研究を開始し、野生種のブルーベリー色素にあるアントシアニンに「人の目の働きを良くする効能がある」ことがわかったとされています。

糖（主に果糖とブドウ糖）

ブルーベリー成熟果の甘味を示す糖は、主に果糖（フルクトース）とブドウ糖（グルコース）で、全糖に対し90％以上を占めています。また、果糖とブドウ糖の比率は、ほぼ一定です。

糖含量の多少は、品種特性の一つですが、成熟段階によっても異なります。一般に糖含量は、未熟果で少なく、成熟段階の進行とともに高くなり、完熟果で最高になります。
一方、酸含量は、成熟段階の進行とともに低くなるため、糖酸比（一般に、全糖／クエン酸含量の比）が高くなり、品種特有の風味を醸し出します。

完熟果

酸（クエン酸とコハク酸）

ブルーベリー果実の酸の種類は、糖と同様に品種特性ですが、系統（タイプ）によって異なります。

ノーザンハイブッシュの酸は、平均して1％前後あり、ほとんどがクエン酸で83～93％を占め、残りは少量のキナ酸（うまみを出す酸）などです。このため、ノーザンハイブッシュ果実のさわやかな酸味はクエン酸によるものです。

アントシアニン色素が豊富

クエン酸は人間の体内にも存在する重要な成分です。摂取した食物のエネルギーを活動のためのエネルギーに変えるには、食物を消化、吸収し、複雑な化学反応を経る必要があります。

クエン酸は、その最終段階でブドウ糖を無駄なくエネルギーに転換するために必要です。例えば、クエン酸は疲労物質といわれる乳酸を分解する働きをするため、スタミナ維持に欠かせないことがよく知られています。

また、クエン酸にはカルシウムやマグネシウムなどの吸収しにくいミネラルと結びついて、吸収しやすい形に変える働きもあります。

一方、ラビットアイではコハク酸（クエン酸と同じようにクエン酸回路を構成し、エネルギーの転換に欠かせない成分）が最も多くて全体の50％を占め、ついでリンゴ酸（クエン酸回路の働きを活発にする成分）が約34％、クエン酸は少なく約10％です。ラビットアイの酸味は、ノーザンハイブッシュとは異なり、コハク酸とリンゴ酸によるものです。

抗酸化作用による生体調節機能

食品の働きが三つの機能から評価され始めて以降、ブルーベリーが健康果実として一躍注目されるようになりました。

それは、ブルーベリー果実が持つ高い抗酸化作用成分が、食品の３次機能である生体調節機能として評価されたことによるものでした。

強い抗酸化作用

今日、食生活との関連で、がん、糖尿病、動脈硬化などの生活習慣病の予防は国民的課題になっています。このような生活習慣病は、抗酸化作用の強い食品の摂取による予防効果の高いことが、明らかにされています。

生果実の抗酸化作用

ブルーベリー生果が強い抗酸化物質を持っていることは、１９９７年、アメリカ連邦農務省の研究によって明らかにされました（ブライアー、１９９７）。

アメリカ産果実と野菜を合わせて43種の生鮮物について調べたところ（ORAC法、酸素ラジカル消去能の測定）、抗酸化作用は、ブルーベリーが最も高い値を示したのです（**図７—１**）。

ポリフェノール

抗酸化作用は、食物が含有するポリフェノールによることが明らかにされています。

ブルーベリーのポリフェノールは、主に、アントシアニン（30〜40％）、クロロゲン酸（30％）、プロアントシアニジン（20％）の三つからなります。そのほか、フラボノール配糖体（5％）、カテキン・その他（5％）も含まれています（カルト、２００２）。

食品としてのポリフェノールは、渋みやえぐみなどの味覚を呈する成分です。

図７－１　米国農務省人間栄養研究所による果物・野菜の抗酸化作用※の比較

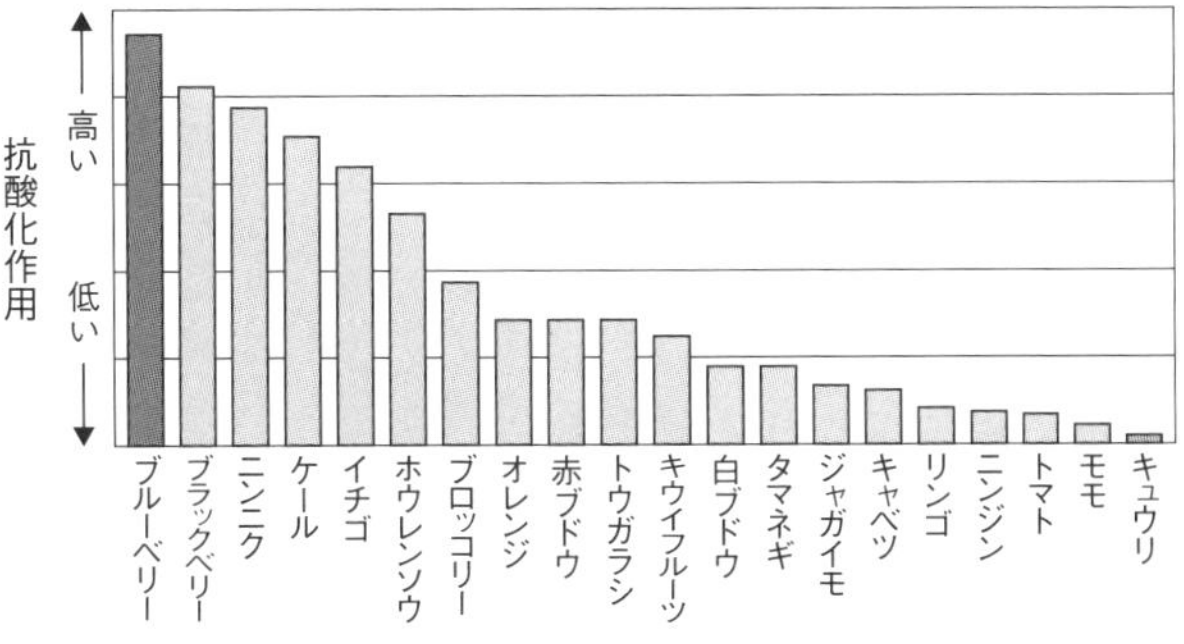

（注）Prior（1998）より抜粋　※酸素ラジカル吸収能（ORAC）自動分析法による

主な生体調節機能

ポリフェノールの主要な生体調節機能は、主として次の三つです。

抗発がん性

ブルーベリーの主要なポリフェノールの一つであるプロアントシアニジンは、抗発がん性で、がん細胞が急速に増殖する性質を持った酵素作用を抑制する働きをすることが知られています。また、果実は抗発がん物質といわれるレスベラトロールを含んでいることも明らかにされています。

生果の風味を楽しむ

心疾患ーアテローム性動脈硬化

アテローム性動脈硬化は、コレステロールが動脈壁内面に沈着してアテローム（粉瘤）ができるもので、脳動脈、冠状動脈などに起こりやすい性質のものです。脳動脈硬化では脳梗塞の原因となり、冠状動脈の硬化は心筋梗塞の原因となります。

アテローム性動脈硬化は、ポリフェノール含有の多い食品の摂取によって抑制されるとされています。

老化の遅延（予防）

今日、食品による老化の遅延（予防）が注目されています。それは、高齢化社会になって、単に平均余命を伸ばすだけでなく、生活の質を維持し、生きがいのある人生を送ることこそが重要であるとの認識によっています。

動物試験の結果ですが、ポリフェノールを多く含む食品の摂食によって、老化に伴って低下した運動能力、認知機能や情報伝達機能が、回復することが明らかにされています（ジョセフら、１９９９）。

生食のすばらしい健康効果

ブルーベリーの食べ方は、生食が基本です。生果は、糖と酸が調和してさわやかな風味を呈します。また、生果には、ミネラル、ビタミン類、食物繊維、「目にいい」アントシアニン色素、生活習慣病の予防効果の高いポリフェノール類が多く含まれています。

ブルーベリーを生食すると、生果の風味を楽しみながら、果実が含有する健康に優れた栄養成分と機能性成分のすべてを摂取できるのです。

果実の利用・加工のポイント

最もおいしいのが完熟果の生食

果物としての特徴

消費者の果実ばなれの一つに、果皮をむくのが面倒である、という理由があげられています。

食べるさいの簡便性が重視されているわけですが、ブルーベリーは果実を丸ごと食べるのが基本です。そのため、果皮をむく必要がなく、また、食べられない果芯部や種子が残らない、いわゆる廃棄物ゼロの果実です。

廃棄物ゼロといっても、エネルギーが高いわけではありません。ブルーベリーのエネルギーは49~66・1㎉で、スナック菓子類のおよそ7分の1から11分の1です。

無農薬で育てられるので安全、新鮮な完熟果実を食べることができます。

丸ごと食べる生果

果実の成熟特性

ブルーベリーはリンゴやナシのようなデンプン果実でないため、収穫後にデンプンが糖化して、糖度が高まることはありません。

すなわち、ブルーベリーは、成熟期の最終段階に達すると、果実のアントシアニン色素含量と果実中の糖濃度が最大になり、逆に酸は減少します。併せて、果実は軟化し、香りが高まります。

このようなブルーベリー果実の成熟特性から、最もおいしい果実は、まず、完熟果を収穫することです。

完熟果を味わう

完熟果は、糖と酸が調和してさわやかな風味を呈するため、生食して最もおいしい段階のものです。

完熟果は摘み取ってすぐ、またはいったん冷蔵してから食べます。どちらもブルーベリーの生食は、新鮮な完熟果実がおいしいです。これは含有する健康に優れた栄養成分、機能性成分のすべてを摂取できる最も理想的な食べ方です。

生食での食べ方は、市販された果実を買って食べるのと、自家栽培の庭先、または観光農園を訪ねて、自分の目で完熟果や大きい果実を選別して摘み取り、その場で食べて堪能する二とおりがあります。それを冷蔵し、冷やして食べれば、いっそうおいしく食べられます。

ブルーベリーは生の完熟果を味わうのが基本

加工にあたって

加工用には収穫シーズンには生果、シーズンオフには冷凍果が使用されます。原料の扱い、冷凍・乾燥の方式などについて『ブルーベリー全書』（日本ブルーベリー協会編、創森社）から抜粋、要約して紹介します。

加工原料の選別・管理

ブルーベリーは、果実の熟期が長いため一時期の収穫ができません。熟度が進めば軟化するため、早採り収穫の傾向が強くなりがちですが、この場合には、糖が低く酸が多い果実となり、加工に不適となります。未熟果のほか、小果、過熟果なども加工には向きません。

異物混入は、果実に葉、茎、小枝、他の木の実、腐敗果に集まる昆虫などが混入することとしています。これらの除去方法としては、風選、マグネット金属探知機による金属除去、水洗いによる衛生管理、大きさのふるい分け、色調の選別などが行われています。

業務用加工原料は、このような処理による十分な衛生管理を行った果実、夾雑物《きょうざつぶつ》、未熟果などを除去し、洗浄された清浄な新鮮果実が加工原料として最適です。

冷凍果実と乾燥果実

冷凍果実

収穫・選別されたブルーベリー果実は、マイナス2～0℃程度に冷やされた後、マイナス45～マイナス42℃のＩＱＦ冷凍トンネルを通過して冷凍果実とします。ＩＱＦとは個別瞬間冷凍(Individually Quick Frozen) のことです。

果実は粒が小さいので凍結時間が短

表7－3　ブルーベリーの加工食品の例

加工食品	加工内容
ジャム、プレザーブ	糖（ペクチン）（酸）
ジュース	濃縮品、100％、50％ほか。ミックスジュース
ビネガー	ブルーベリー果汁＋ワインビネガー
ワイン	加糖、発酵
製菓・冷凍用ソース	加糖、増粘剤、洋酒、香料
料理用ソース	果汁、ビネガー、サラダオイル、スパイス、香料
ゼリー	加糖、凝固安定剤（ゼラチン等）、洋酒、香料
リキュール	スピリッツ＋ブルーベリー果実、果汁
健康食品ドリンク	ブルーベリーエキス利用、糖、酸、香料
健康食品錠剤	ブルーベリーエキス利用、糖、酸、香料

注：『ブルーベリー全書』日本ブルーベリー協会編（創森社）抜出

く、一粒一粒バラバラに凍結します。冷凍貯蔵温度はマイナス25～マイナス23℃で、凍結、解凍による成分変化、また、組織や肉質、構造の損失は10～12か月の冷蔵貯蔵中では変化がほとんど見られません。

乾燥果実

輸入乾燥果実は、収穫時に雨が少ない産地では天日乾燥により行われています。日本のブルーベリーの収穫時は、梅雨時で高温・多雨であり、天日乾燥の製造は不適です。工業的には熱風乾燥、真空乾燥、凍結乾燥などが行われます。

近年は、小規模用の各種乾燥器も出回っており、わりあい簡便にオリジナルのドライブルーベリーを製造できるようになっています。

冷凍果実

さまざまな加工食品

ブルーベリーの加工食品の代表格は、なんといってもジャム。ペクチンが多く含まれていることもあり、比較的よく固まります。天然のアントシアニンいっぱいの完熟のブルーベリージャムはジャムの定番製品です。

このほか、**表7―3**のようにブルーベリージュース、ビネガー、ワイン、製菓・冷菓用ソース、料理用ソース、ゼリー、リキュール、健康食品ドリンク、健康食品錠剤などの加工食品が製造されています。

ブルーベリージャムのつくり方

一時的に食べきれないほどの収穫量があるときには、生果（冷凍果実にしておいてからでもよい）を生かしてブルーベリージャムをつくると、1年を通して楽しむことができます。

ブルーベリーは、イチゴとともにジャムに適した好素材。摘みたてはもちろん、冷凍果実であっても、砂糖とレモン少々を加え、じっくり煮つめて密封容器に詰めます。

果実の形を残して煮つめるプレザーブタイプ（高級品としての評価が高い）の極上オリジナルジャムは、どなたからも喜ばれます。

プレザーブタイプのジャム

材料と用具

材料はブルーベリー果実（冷凍保存したもの）、グラニュー糖、レモン

用具は鍋、しゃもじ、お玉、加熱コンロ、ガラス容器

つくり方の手順

冷凍しておいたブルーベリー果実を解凍します（生果でも可）。グラニュー糖は果実の重さの40％を用意し、3回に分けて加えます。

①果実、グラニュー糖3分の1、レモン果汁（果汁3kg程度なら1個）を加え焦がさないように混ぜながら加熱します。吹き上がってきたら、グラニュー糖3分の1を加えます。

②ふたたび吹き上がってきたら、表面の灰汁を取り除きます。

③残りのグラニュー糖を入れて、もう一度吹き上がったら終了です。

瓶詰めにするときは、蒸し器で加熱殺菌したジャム瓶に入れ、ふたをのせて10分間脱気殺菌します。ふたを閉め、逆さまにして30分放置します。水で外側を洗って、ラベルを貼ればできあがりです。

その時点で瓶の中のジャムは、まだサラサラであっても1日置けばとろっと粘質になり、ちょうどよい仕上がりになります。

付属資料①

栽培ブルーベリーの誕生と日本への導入、生産振興

栽培ブルーベリーの誕生

ブルーベリーとアメリカ人

ブルーベリーは、アメリカ原産の小果樹です。ブルーベリーはアメリカ人にとって、「命の恩人」と呼ばれるほど特別な思いが込められた果実です。その理由は二つあります。

一つは、ブルーベリーはアメリカ原産であり、野生種の果実は古くから先住民によって食されていたことです。

もう一つは、アメリカ建国の祖となったヨーロッパからの初期の移住者が、先住民から分けてもらったブルーベリーの乾果やシロップなどのおかげで、上陸した北東部州の厳しい冬季の寒さや病気から身を守り、飢えを乗り越えることができたことによるといわれています。

このような背景から、1906年、アメリカ農務省（USDA）が野生種の栽培化（とくにノーザンハイブッシュ）に着手しました。それ以降、品種改良は国家的事業として、100年以上にわたって続けられています。

「栽培ブルーベリーの生みの親」として尊敬されているUSDAの育種研究者コビル（左）と協力者ホワイト女史（1920年代）

栽培ブルーベリーの誕生

アメリカ農務省がブルーベリーの品種改良に取り組んだ最大の目的は、ブルーベリー産業を確立し、発展させることでした。

そのため、育種目標は、樹の形質で

は樹勢が強い、土壌適応性がある、収量性が高いことなどでした。また、果実形質では果実が大きい、果皮が硬い、風味が良い、日持ち性がある品種の育成でした。

USDAのブルーベリー育種圃場。実生苗を植えつけている

交雑品種第1号

1920年、宿願の交雑品種第1～3号である「パイオニア」、「カボット」、「キャサリン」が発表されました。いわゆる栽培品種の誕生です。1912～13年の交雑から7～8年後のことでした。それ以降、これらの品種と野生株からの選抜種との交雑を始め、その後に発表された品種間との多様な交雑がなされてきました。

栽培機運の高まり

1920年代の後半から30年代には、「ジャージー」、「ウェイマウス」、「デキシー」など、樹および果実形質ともに優れた品種が育成されたことから、諸州でブルーベリー栽培の機運が高まったようです。栽培機運の高まりとともに、それまでアメリカ北東部諸州に限られていた栽培を、南東部、中西部にも広げることが育種目標になりました。

そのため、品種改良はアメリカ農務省に加えて、ミシガン、ミネソタ、ニュージャージー、ジョージア、ノースカロライナ、アーカンソー、フロリダ各州の州立大学（農業試験場）でも行われるようになりました。現在、栽培されている主要品種は、ほとんどが先

ルーベル。野生株からの選抜種

パイオニア。ハイブッシュ交雑品種第1号

ジャージー。1928年発表の代表的品種

シャープブルー。サザンハイブッシュの交雑品種第1号で、現在も栽培されている

にあげた諸機関によって育成されたものです。

日本のブルーベリー栽培

日本へのブルーベリー導入

ブルーベリーが日本に初めて導入（公立機関）されたのは、１９５１年でした。当時の農林省北海道農試がアメリカ・マサチューセッツ州立農試から導入し、試作したのが始まりです。

「日本のブルーベリーの父」として尊敬されている東京農工大学教授の岩垣駛夫博士（写真中央・1970年代初め）

それ以降、新品種の導入は国、都道府県、大学によってなされていましたが、１９９０年代からは民間の苗木業者による導入が中心となっています。

栽培普及の進展は極めて遅く、全国の栽培面積が１haになったのは１９７１年で、導入20年後のことでした。本格的な広がりを見せたのは１９８３～84年頃からで、１９９３年までのおよそ10年間に全国の栽培面積は約１８０haになっています。いわゆる第１次ブルーベリーブームといわれた頃です。

１９９０年代の半ば、一時、停滞期を迎えますが、果実の機能性が注目されるようになって消費者の関心が高まり、栽培者も刺激を受けて栽培面積が増加の傾向に転じました。

２００５年には、全国の栽培面積は６９７・７ha、生産量は１４６１tです。２０１０年には面積は１０００haを超えています。また、「果実が大きい、風味が良い、日持ち性が良い」などの新品種が各地で栽培され始め、摘み取り客の評価が高まったことも面積増加の大きな要因です。

日本での栽培・経営上の特徴

系統と品種数が多い　日本では、多くの地域で、三つのブルーベリーの系統が栽培できます。例えば、関東南部の観光農園では、摘み取り期間を長くとるために、ノーザンハイブッシュ、サザンハイブッシュ、ラビットアイのタイプで、極早生から極晩生まで10品種以上も組み合わせた栽培が一般的です。

成熟期が梅雨と重なる　日本では北海道を除いて梅雨があり、ノーザンハイブッシュとサザンハイブッシュの成熟期は、梅雨の期間です。

このため、梅雨期間中の降水、曇天による日照不足、高い空中湿度などが、高品質の果実を生産するうえで大きな課題となっています。

付属資料②

日本のブルーベリー栽培と生果実の流通実態

農林水産省の統計

日本におけるブルーベリーの栽培面積、収穫量の統計が農林水産省から特産果樹生産動態等調査として出ています。ただ、最新でも3年前のデータになりますが、その傾向をつかむことはできます。

産地化の推移

農林水産省の統計では、日本の産地化の最初は1976年長野県の1haに始まります。その後、徐々に全国に栽培面積が広がります。ところが1980年代後半から1990年代前半にかけて、栽培面積の伸びが200ha弱で停滞する時期がありました。

1994年に日本ブルーベリー協会が発足し、毎年、日本各地で産地シンポジウムが開催されるようになりました。この普及活動により、それから2010年にかけては劇的に栽培面積が増加しました。2010年には1000haを超えるまでになりました。

その後2010年代は1100ha前後で横ばい傾向が続いています。2020年の全国のブルーベリーの収穫量の合計は2267・6tです。

都道府県別の栽培面積

最新の統計で栽培面積が最も多い都道府県は、東京都の125haです。長い間、栽培面積が1位だった長野県が2位で95・1ha、3位は群馬県の84・7haと続きます。

財務省の統計

財務省からはブルーベリーの生果実の輸入統計データが、スノキ属生果実として2022年まで出ています。

生果実の輸入量の推移

2020／R2年ブルーベリー県別栽培面積

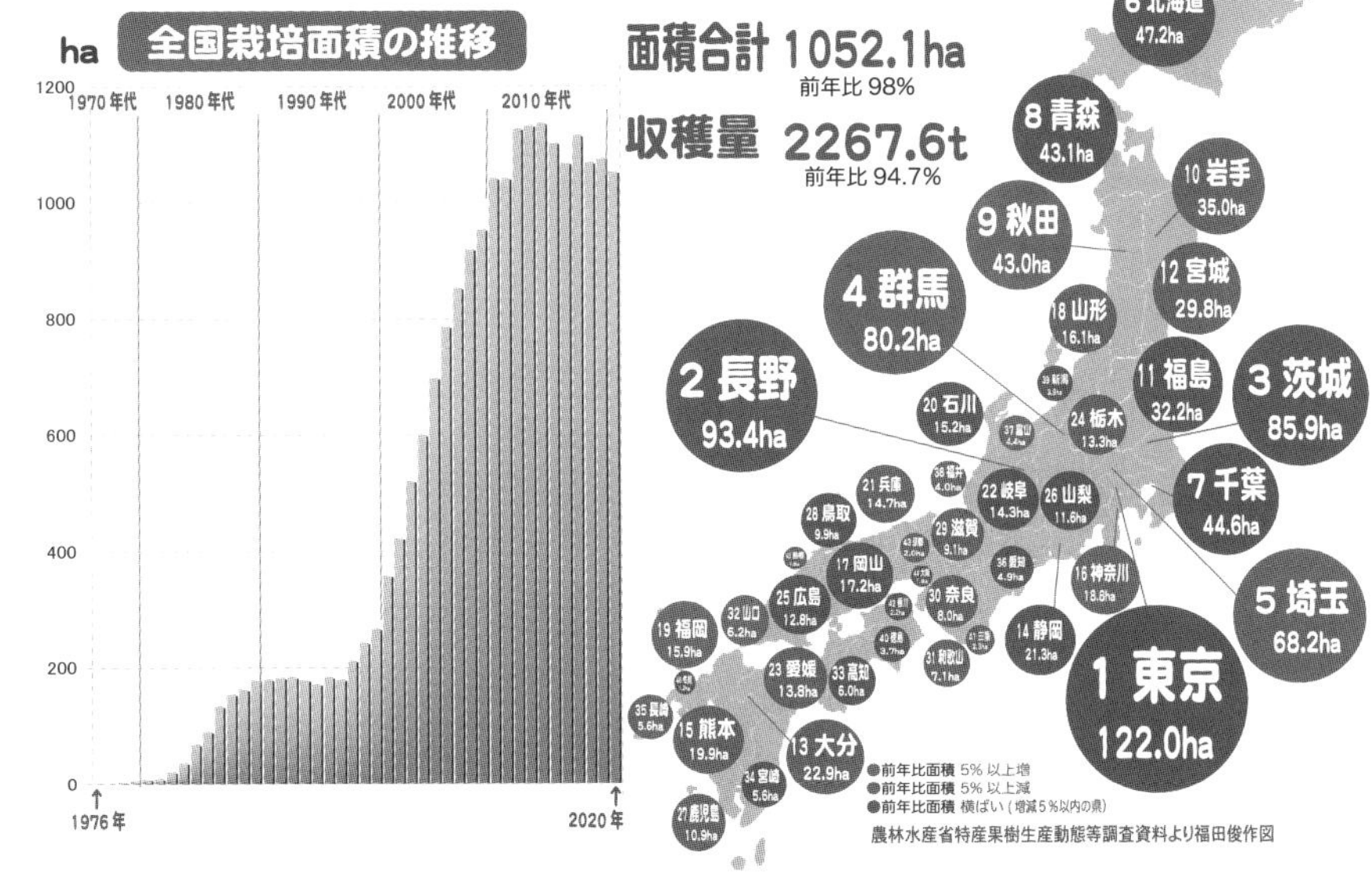

農林水産省特産果樹生産動態等調査資料より福田俊作図

2022 年 スノキ属生果実の国別輸入量
（ブルーベリー）

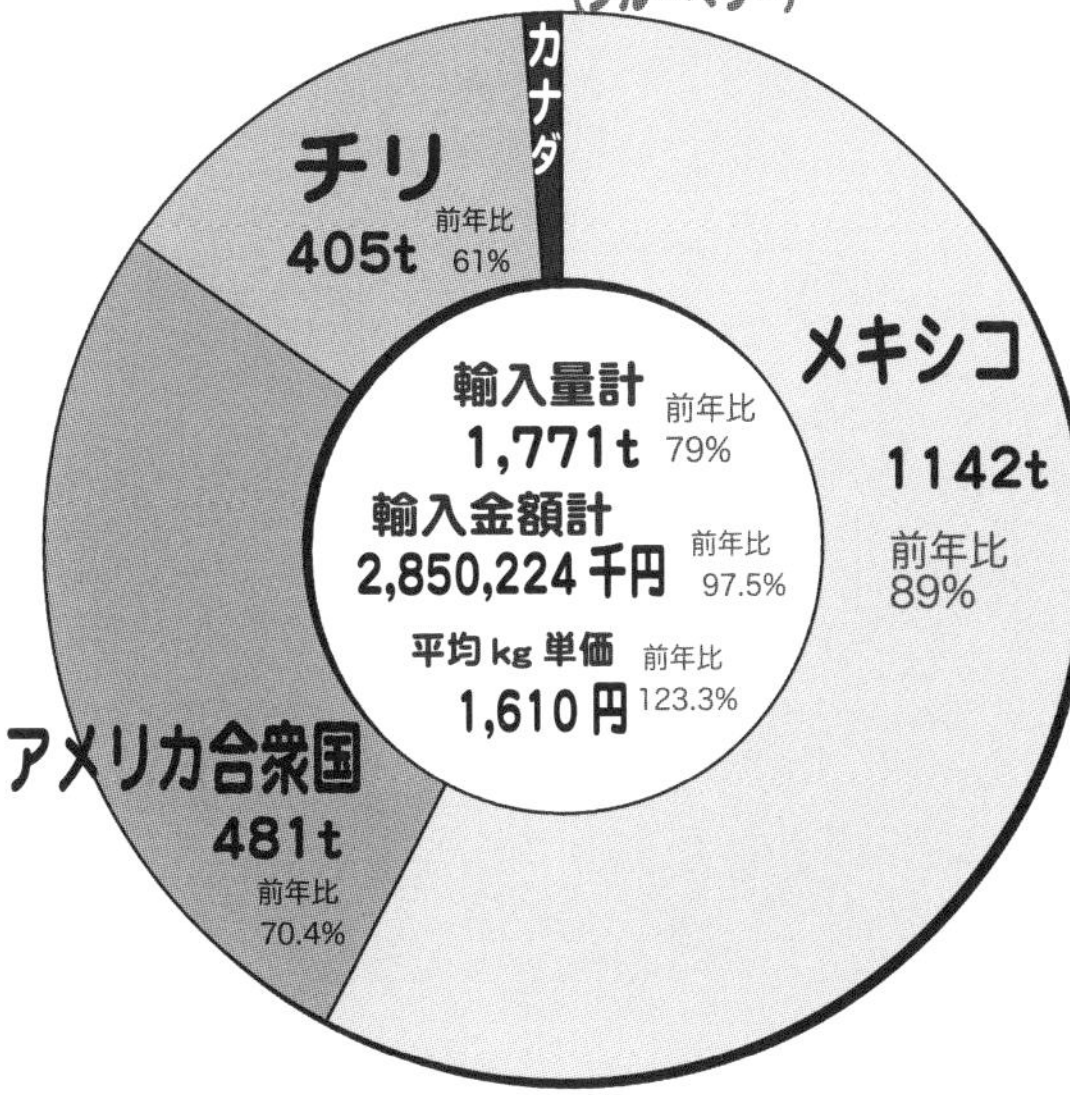

国名	数量 kg	金額 千円	単価 円
メキシコ	1,020,664	1,610,891	1,578
アメリカ合衆国	480,595	824,830	1,716
チリ	248,380	372,087	1,498
カナダ	20,269	41,140	2,030
ニュー・ジーランド	684	1,276	1,865
計	1,770,592	2,850,224	1,610

輸入数量は前年比 79% に減少

メキシコは前年比 89%減少 全体の 58%

平均 kg 単価は前年比 123.3%にアップ

財務省ホームページデータより福田俊作図

2022年スノキ属生果実輸入の月別単価 (円/kg)
(ブルーベリー)

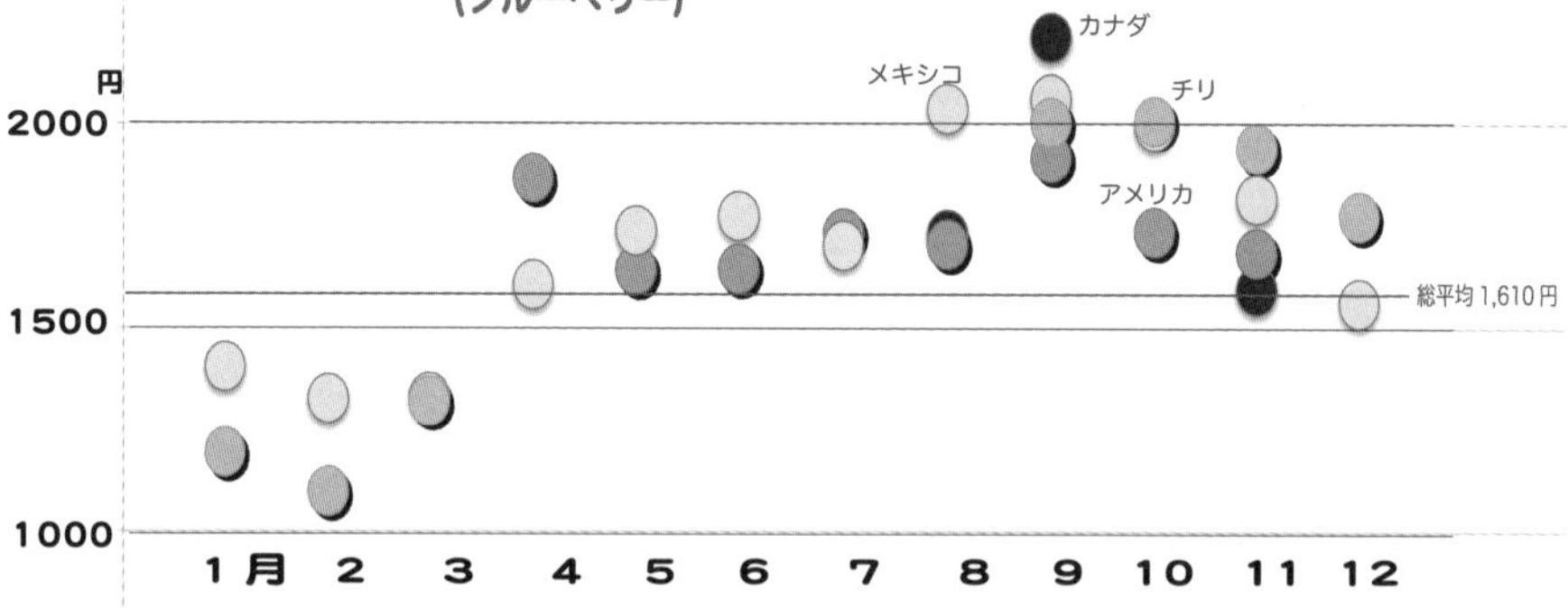

国	1月	2月	3月	4月	5月	6月	7月	8月	9月	10月	11月	12月	国別平均
カナダ								1,728	2,211		1,594		2,030
アメリカ合衆国				1,866	1,642	1,644	1,731	1,704	1,918	1,736	1,685		1,716
メキシコ	1,404	1,326	1,329	1,604	1,739	1,773	1,701	2,039	2,061	1,997	1,817	1,561	1,578
チリ	1,193	1,097	1,321						2,005	2,007	1,942	1,774	1,498
ニュー・ジーランド	1,865												1,865
月別平均単価	1,303	1,274	1,328	1,607	1,675	1,698	1,729	1,707	1,999	1,993	1,849	1,622	1,610

財務省ホームページデータより 福田俊 作図

東京都中央卸売市場ブルーベリー入荷と平均単価の年次推移

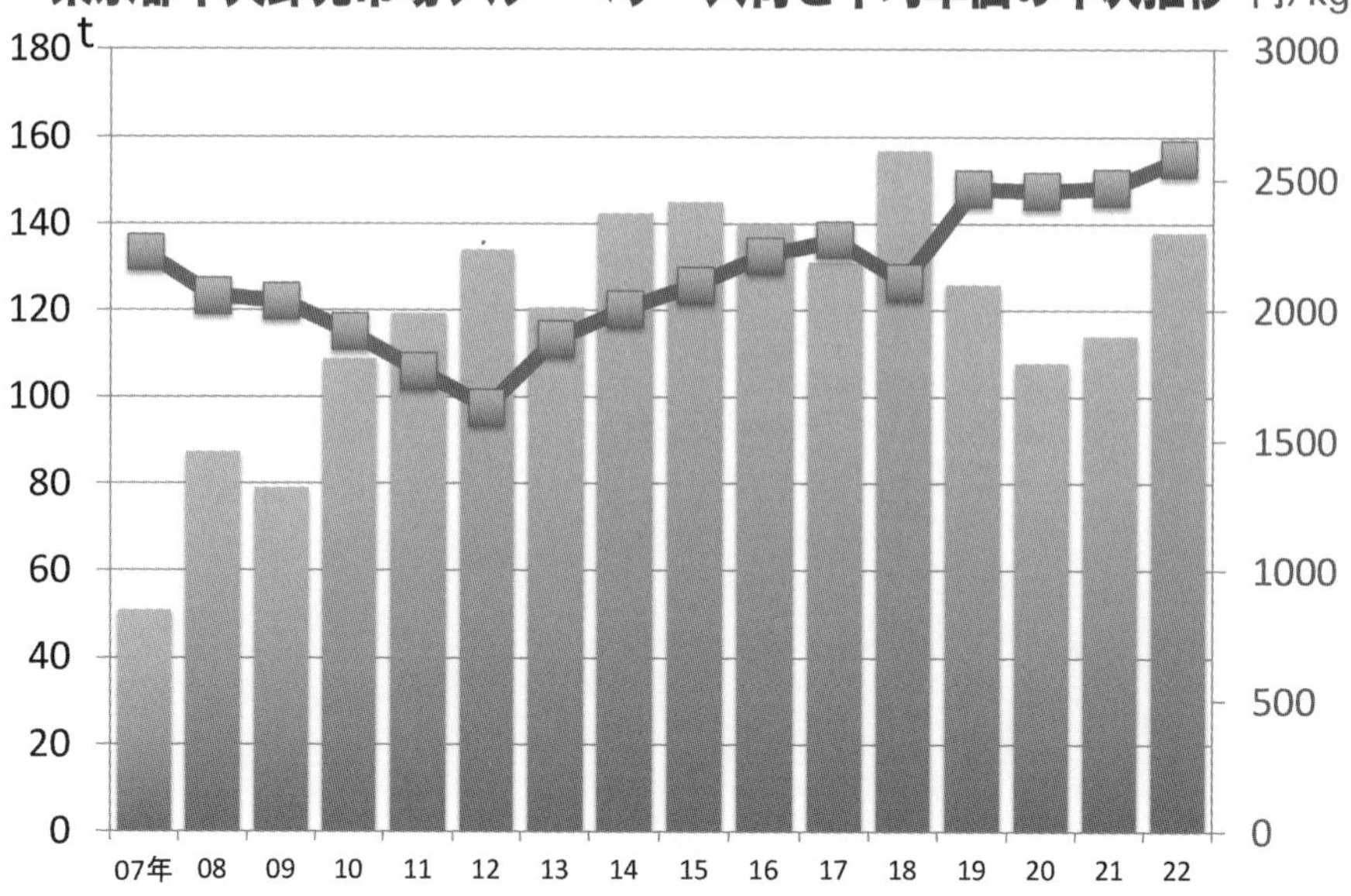

東京都ホームページデータより福田俊作図

本格的にブルーベリーの生果実の輸入が始まったのは１９９８年です。７２ｔといきなり前年の12倍も輸入され、その後増加し始めました。

　２００４年には１７０１ｔのピークがあり、その後に減少、２００８年には１１１３ｔまで落ち込みました。やがて南米チリからの輸入が増え、２０１２年にはメキシコからの輸入も加わって２２７１ｔまで増えました。

　その後、輸入量は１８００ｔ前後で横ばいとなっていましたが、２０２１年にはふたたび増加し、２２３７ｔ、２０２２年には減って１７７１ｔとなっています。

メキシコからの輸入品

主な輸入先

長い間アメリカからの輸入が多かったのですが、２０１２年にはチリが増えて逆転、２０１０年代は徐々にメキシコが増え、２０２１年にはメキシコが1位、アメリカが2位、チリが3位となっています。

輸入単価

２０２２年の総平均単価は1kg当たり１６１０円でした。最も高かったのは、9月のカナダで２２１１円。最も安かったのは、2月のチリで１０９７円でした。

東京都中央卸売市場の統計

東京都中央卸売市場からもブルーベリーの取扱量の統計が出ています。取扱量は１２０～１４０ｔ前後です。

東京都の月別入荷料と単価

市場入荷は4～8月に多く、メインは6～7月です。9月から2月にかけての入荷は微量です。２０２２年の入荷料は１３８ｔ、入荷単価の平均は２５８２円。最も高いのは3月の４２３９円。最も低いのは8月で１７２９円です。

市場出荷はごく少ない

財務省の生果実の輸入は冬の期間でも一定量あるのに、市場への冬の取り扱いはほとんどなく、全国での取扱量が４０００ｔ前後はあるなかで、東京都中央卸売市場の入荷が１４０ｔという量はブルーベリーの市場流通が少ないことを意味しています。

　ブルーベリーは他の果実に比べて特殊で、摘み取り園や直売所などの流通が圧倒的に多い結果だと思われます。

◆主な参考・引用文献

日本ブルーベリー協会（編）(1997) ブルーベリー ～栽培から利用加工まで～．創森社
日本ブルーベリー協会（編）(2005) ブルーベリー全書 ～品種・栽培・利用加工～．創森社
日本ブルーベリー協会（編）(2000) 家庭果樹ブルーベリー ～育て方・楽しみ方～．創森社
日本ブルーベリー協会 (2001) ブルーベリー導入 五十年のあゆみ．日本ブルーベリー協会
農林水産省 ブルーベリー栽培面積・収穫量．ホームページ
清水建美 (2003) 図説植物用語集．八坂書房
食品総合研究所（編集）(2001) 食品大百科事典．朝倉書店
志村勲（編著）(1993) 平成4年度種苗特性分類調報告書（ブルーベリー）〔平成4年度「農林水産省農産園芸局」種苗特性分類調査委託事業〕．東京農工大学農学部園芸学教室: 57
玉田孝人 (2009) ブルーベリー生産の基礎．養賢堂
玉田孝人・福田俊 (2007) 育てて楽しむブルーベリー12か月．創森社
玉田孝人・福田俊 (2011) ブルーベリーの観察と育て方．創森社
玉田孝人 (2014) 基礎からわかるブルーベリー栽培．誠文堂新光社
玉田孝人・福田俊 (2015) 図解 よくわかるブルーベリー栽培．創森社
荻原勲 (2017) 家庭でできるおいしいブルーベリー栽培12か月．家の光協会
伴琢也 (2017) 12か月栽培ナビ⑤ブルーベリー．NHK出版
玉田孝人 (2018) ブルーベリー栽培事典．創森社
玉田孝人 (2020) 鉢で育てるブルーベリー．創森社
東京都中央卸売市場 ブルーベリー市場統計．ホームページ
財務省 ベリー類輸入量．ホームページ

◆苗木入手・問い合わせ先

（2023年６月現在）

有限会社原田種苗　〒038-1343　青森市浪岡大字郷山前字村元42-1
TEL 0172-62-3349　　FAX 0172-62-3127

株式会社天香園　〒999-3742　山形県東根市中島通り1-34
TEL 0237-48-1231　FAX 0237-48-1170

有限会社菊地園芸　〒999-2263　山形県南陽市萩生田955
TEL 0238-43-5034　　FAX 0238-43-2590

株式会社福島天香園　〒960-2156　福島市荒井字上町裏２
TEL 024-593-2231　　FAX 024-593-2234

有限会社大関ナーセリー　〒300-0001　茨城県土浦市今泉307-2
TEL 029-831-0394　　FAX 029-832-4516

茨城農園　〒315-0077　茨城県かすみがうら市高倉1702
TEL 029-924-3939　　FAX 029-923-8395

株式会社改良園通信販売部　〒333-0832　埼玉県川口市神戸123
TEL 048-296-1174　　FAX 048-295-8801

トキタ種苗株式会社　〒337-8532　埼玉県さいたま市見沼区中川1069
TEL 048-683-3434　　FAX 048-684-5042

エザワフルーツランド　〒292-0201　千葉県木更津市真里谷3832
TEL ＆ FAX 0438-53-5160

株式会社サカタのタネ直販部通信販売課　〒224-0041　神奈川県横浜市都筑区仲町台2-7-1
TEL 0570-00-8716　　FAX 0120-39-8716

有限会社小町園　〒399-3802　長野県上伊那郡中川村片桐針ヶ平
TEL 0265-88-2628　　FAX 0265-88-3728

タキイ種苗株式会社通販係　〒600-8686　京都市下京区梅小路通猪熊東入
TEL 075-365-0140　　FAX 075-344-6707

オーシャン貿易株式会社　〒604-8134　京都市中京区六角通烏丸東入堂之前町254 WEST18　4F
TEL 075-255-3300

大和農園通信販売部　〒632-0077　奈良県天理市平等坊町110
TEL 0743-62-1185　　FAX 0743-62-4175

＊このほかにも日本果樹種苗協会加入の苗木業者、およびJA（農協）、園芸店などを含め、全国各地に苗木の取扱先はあります。通信販売やインターネット販売でも入手可能です。

ミツバチによる受粉

樹上の完熟果

●

デザイン――ビレッジ・ハウス
塩原陽子
撮影――福田 俊　ほか
イラストレーション――宍田利孝
まとめ協力――玉田孝人　ほか
取材・写真協力――Blueberry Fields　紀伊國屋（滋賀県大津市）
ブルーベリーガーデン IKEDA（千葉県流山市）
ベリーコテージ（東京都青梅市）
ブルーベリーの郷（静岡県菊川市）
大関ナーセリー（茨城県土浦市）
宮田果樹園（群馬県川場村）　ほか
校正――吉田 仁

著者プロフィール

●福田 俊（ふくだ とし）

園芸研究家。ブルーベリー園造成、栽培・運営にあたる。
1947年、東京都生まれ。東京農工大学農学部卒業。在学時に「日本のブルーベリーの父」と称される岩垣駛夫教授の下でブルーベリー栽培研究スタッフの一員となる。種苗会社勤務時より庭先、ベランダでブルーベリーを栽培。さらに埼玉県日高市にブルーベリー園を造成し、異なる土壌条件で各種ブルーベリーを栽培し、成果をあげる。2008年、偶発実生の中から育成した「フクベリー」を農水省品種登録。これまで長らく日本ブルーベリー協会理事、東京農業大学グリーンアカデミー講師などを務める。
著書に『育てて楽しむブルーベリー 12か月』、『ブルーベリーの観察と育て方』、『図解よくわかるブルーベリー栽培』（ともに共著、創森社）、『育てて楽しむ種採り事始め』（創森社）など多数。

ブルーベリー栽培《さいばい》の手引《てび》き～特性《とくせい》・管理《かんり》・作業《さぎょう》～

2023年 6月16日　第1刷発行

著　　者——福田《ふくだ》 俊《とし》

発 行 者——相場博也

発 行 所——株式会社 創森社
〒162-0805 東京都新宿区矢来町96-4
TEL 03-5228-2270　FAX 03-5228-2410
http://www.soshinsha-pub.com
振替00160-7-770406

組　　版——有限会社 天龍社

印刷製本——中央精版印刷株式会社

 ISBN978-4-88340-362-2 C0061